買う幸福

おしゃれ人生
見直し！
捨てるために
ひとつ買う

地曳いく子

How to buy happiness
by shopping

はじめに

何年も前、身辺整理をするブームがあり、みなさん、かなりクローゼットを整理したと思います。でも、一旦完璧に整えたと思ったクローゼットの服は知らないうちに増えている。5年、10年と月日が経てばあなたも変わるし、世間も変わる、その時には完璧と思ったワードローブも完璧ではなくなるのは当然です。寺にでも籠って世間と断絶しない限り、物だって増え続けます。何ひとつ買わない生活なんて無理ですよね。物を捨てるのは難しいですが、買うのも難しい。

そんな折、幸せになるための「新しいお買い物論」があるのではないかと感じました。十数年前に『Oggi』という雑誌で、私は「清水《きよみず》買いvs衝動買い」という短期連載をしたのを思い出し、買い物についてもう一度考え直してみたのです。

今はすべてにおいて激動の時代です。

スマホやAIの出現で、江戸時代終わりの黒船来航のごとく、世の中のシステムが変わりました。鎖国をやめ、着物から洋服になった明治の文明開化の時ほどは、人々の見た目は変わりません。でも、社会のシステムなど、昭和の時代とはかなり変わりましたし、ファッションも変化しています。

先日、平成生まれの編集者にお仕事用住所録の話をしたら「なんですか？ それ」と笑われました。住所録ももはや過去の遺物です。実家の番号も知り合いの携帯番号も全部スマホの中ですものね。スマホがあれば何でもできて、その分、荷物が減り、小さなバッグが流行るのも納得です。知らず知らずのうちに今の生活は、私たちが「一生もの」を買い集めていた昭和の時代とは大きく変わっているのです。

考えてみてください。昭和に生まれた私たちは、平成、令和ともう三世代も生きてしまっている。昭和は少なくとも30数年前のことです、今、昭和の服を着ることは感覚的に私たちが幼い頃おばあさんが明治や大正の服や着物を着ていたのと同じ感覚なのです。

当然、お買い物の仕方も変わります。ただ単にものを増やすのではなく、時代に合わせて必要なものをアップデートする。これが令和の幸せなお買い物術です。うまくいけばひとつ買ったら、不要なものを3つ捨てられる！

素敵なライフスタイルへアップデートするために、幸せなお買い物をしましょう。

買う幸福

目次

お買い物編

今もっとも満足できるアラフィフ・アラカンお買い物ガイド

第5章

さあ、幸せな買い物へ！ アラフィフ・アラカンの買い物心構え

※本誌に掲載された商品や店舗情報は、２０１９年７月２日のものです。掲載商品の価格、仕様は変更される可能性があります。

節約、デフレ、
身辺整理ブーム。
大人の
「買う幸福」って？

1章

Ikuko Jibiki :buy happiness

おしゃれの買い物が、苦しくなっていませんか？

最近、50〜60歳の方と話していると、「何を着ても似合わないし、何を買っていいかもわからない。おしゃれに関する買い物が楽しくないんです」という声を聞くことがよくあります。

ファッションを生業《なりわい》とする私自身も50歳を過ぎた頃から、そんな気持ちに陥ることが度々ありました。

みなさんのそんな気持ち、とてもよくわかります。

私たち世代が、何を着ても似合って、おしゃれの買い物が楽しくて仕方なかったバブル時代から、かれこれ約30年が経ちました。

私たち自身の顔も体型もすっかり変わりましたが、世の中はそれ以上に大きく変わっています。

右肩上がりの世の中で、好景気真っ只中だったあの頃と現在で、同じ年齢の人の年収を比べてみるとどれくらい違うと思いますか？　さまざまな経済統計によると、なんと**年収が平均で約数十万円も下がっているんだそうです！**

そんなに収入が下がっているなら当然、節約志向になるだろうし、デフレがずっと続くのも納得してしまいます。

〝おしゃれにお金を使うこと〟に、罪悪感を持ってしまうのもやむを得ないでしょう。

また、そんな時代に、**ちょうど似合うものが激減する〝おしゃれ暗黒期〟を迎えてしまったのも、私たちにとってはアンラッキー**。

ふたつのアンラッキーが重なって、アラフィフ・アラカンの私たちは、あんなに楽しかったはずのおしゃれのために買い物をすることがツラくなってしまったのです。

現在は、安くてもおしゃれなもの、素敵なものが、まめに探せば本当にたくさんあります。

でも、未来に少しの曇りも感じず、高価なブランドものを惜しげもなく買っていたバブル世代は、安価なもの＝イマイチなもの、という考え方が体に染みついていて、安くていいものをうまく取り入れられない人も多いように思います。

そして世の中はこのところずっと身辺整理ブーム。

その結果なんとなく〝物が増えることは悪〟という雰囲気に。もちろん、いらないもの、使わないものは捨てる方がいいのは事実。

でも、何も買わない、何も持たないなんて、本当にできるのでしょうか？

これから一生、何も買いたくない、何も持ちたくないなら、もはや尼寺に行くしかない。行ける人は行くのもよいと思いますが、ほとんどの人は行けないですよね。

だったら上手な買い物をしながらこれからも生きていくしかないんじゃないでしょうか。

素敵なもの、おしゃれになれるものを買うと、やっぱり楽しいし、気分が上がる。幸せになれる、楽しい気持ちになれる買い物を、どうすればできるかを考えることが大切。

そんな幸せになれる買い物術について、この本で一緒に考えていきましょう。

今のアラフィフ、アラカンがすべきは、まず「自分を愛すること」

現代に生きる私たちはみんな、どんなに好きなことをやって自由に生きているように見える人でも、実は人のために生きているところが少なからずあります。これは特にアラフィフ・アラカンの女性にはかなりの確率で当てはまることだと思います。

その対象は、夫やパートナーだったり、子供だったり、実の親だったり、はたまた舅や姑だったりと、人によって違うと思いますが、これまでの人生の１００％を自分のことだけを考えて生きてきたという人は少ないはずです。

50歳前後になると家族構成が変わることが多くなります。子供の独立、親の介護、離婚、結婚もあるかもしれませんね。

私の周囲を見回してみると、子供ロスに陥っている同世代が多いんです。

「子供が進学して一人暮らしを始めた」

「就職して独立した」

「結婚して家庭を持った」などなど。

理由は千差万別ですが、50歳以降は、専業主婦であっても働くママであっても、今まで子育てに邁進《まいしん》してきた人が、ちょうど一段落する年代。

それまでは朝早く起きて毎日お弁当を作ったり、お稽古事の送り迎え、毎日栄養のある夕飯も作らなければならないし、と朝から晩まで大忙し。でも子供たちがあっという間に大きくなり、大変だ大変だと思っていたそんな日々が終わりを告げ、やっと自由な時間ができたと思いきや、襲ってきたのは何ともいえない喪失感。


私には子供はいませんが、似たような経験があります。

両親を介護の末に相次いで亡くしたころ、肩の荷が下りたはずなのに大きな喪失感に陥り、しばらく何も手につかなくなったんです。
また、パートナーが去った後、実は自分が今まで、彼やその周囲のために多くの気力や体力、時間を費やしていたことを強く思い知らされました。

私がそんな喪失感から脱却したきっかけは、〝Ｎｅｔｆｌｉｘ〟（ネットフリックス）で配信されている『クィア・アイ』（注①）というアメリカで人気の番組を見たことです。

この番組は、ファッションやインテリア、料理、カルチャー、ビューティと、その道のプロフェショナルのゲイ5人組〝ファブ5〟が、「自分を変えたい」人たちを次々に変身させていくもの。

彼らが変えていくのは相談者の外見だけではありません。
内面までも見事に変化させてくれ、〝心の持ちようでいくらでも人間は変われるんだ〟〝美しく、楽しく生きていくことってこんなに素晴らしいんだ〟ということを、視聴者に教えてくれ、世界中で大反響を呼んでいます。

この番組を夢中になって見ているうちに「自分のために生きて、自分自身の世話をすることで、自分も幸せになり周りも幸せになれるんだ」ということに、私は気がついたんです。

私は20代前半からずっとスタイリストという仕事をしていて、モデルをはじめ〝誰か〟を美しく見せることだけを考え続けてきました。

誰かを美しくすることは大好きなのに、その反面、私は、自分に手をかけることが苦手なところがあったんです。

これまでの人生を振り返ってみても、仕事と、親やパートナーなど周りをケアすることに多くの時間を費やしていたのは事実です。

でも、今そんな肩の荷が減り、正真正銘自由な身になった時に、『クィア・アイ』を見て、これからは自分にもっと時間や手をかけてあげようと思うようになったんです。

今、子供ロスや親ロスに陥っている人たちも同じだと思います。これまで何十年も、子供の衣食住、教育などにかけていたお金や時間、気持ちを、これからは少しでも自分にかけてあげませんか？

子供がいない人も、これまで夫や親に尽くしたり、キャリアの確立などに費やしてきた時間や労力を、あなた自身に向けてあげましょう。

アラフィフ・アラカン世代の女性は、これまで肩にのせていた重荷から解き放たれて、今こそ自分をグルーム（お手入れ）してあげる時。

あなたがきれいで楽しい気持ちでいられることで、独立した子供たちも安心するだろうし、親たちもほっとするはず。私の天国の両親もね(笑)。

あなたとあなたの周囲が幸せになるためには、もっと〝自分自身を愛してあげる〟ことが必要なのです。

注①……『クィア・アイ』Ｎｅｔｆｌｉｘ（ネットフリックス）オリジナル番組。シーズン１・２０１８年２月〜配信、シーズン２・２０１８年６月〜配信　シーズン３・２０１９年３月〜配信中（２０１９年７月現在）

恋と買い物は同じ！人生を楽しく幸せにしてくれる。

私は常々思っているのですが、買い物って恋と同じだなと思うんです。
恋なんかしなくても別に淡々と生きられます。
でも人生一度も恋をしないなんて寂しすぎる。
もちろん、恋することはハッピーなことだけではなく、傷つくことも怒ることも、
涙することもあるもの。
でもだからこそ人生は楽しいし、奥深いものになる。
命をかけた大恋愛があってこそ、人生の味が出るはず。
恋があってこそ、人生はカラフルになるのです。

買い物もそう。

節約に節約を重ねて、極力何も買わない生き方もできますが、それでは毎日がモノクロのまま。

つまらないし、ハリがない人生になってしまいます。

素敵なバッグや洋服は、素敵な男性と同じ。出会うことで、ぐっと気持ちが上がり、毎日が本当に楽しくなる。

だから、**素敵な恋をするように素敵な買い物をして、毎日をカラフルに変えてくれる素敵な〝お相手〟を見つけましょう。**

そして何よりも、買い物は恋よりも簡単！　恋は相手がいないとできないけれど、買い物は自分の力でできるのですから。

もちろん老後の生活も大切ですが、今を楽しく健康で過ごすこと。これが一番大事なのではないでしょうか？

「ひとつ買えば、3つ捨てられる」人生後半は、物を減らす買い物をしよう！

「いつも同じ服だとはずかしい」

「何パターンも着回しできる服を買わなければ！」

「服のバリエーションがある人ほどおしゃれだ」

「ブランド品だから絶対に捨てられない」

こんな言葉を何度か口にしていませんか。


毎日違う服を着ている人こそがおしゃれ？

これまでに書いた本や、トークショーなどで何度もお話ししていますが、クローゼットの中の服は多ければ多いほど、おしゃれ度は下がります。

雑誌全盛期にファッションに目覚めた私たちバブル世代は、ファッション誌が特集しがちだったフレーズが呪いのように体に染みついています。

私自身も何度も〝着回しテクニック〟や〝1か月コーディネイト〟などの特集を担当し、公私共にそんな呪縛にしばられている時期がありました。

その結果、どこに何があるのかを探すのに膨大な時間を費やすという魔宮に入り込んでしまった苦い過去を持っています(笑)。

「服が多いほどおしゃれ」、アラフィフ・アラカンに巣食ったこの思い込みこそが実は曲者《くせもの》。

10着のイケてない洋服より、1着のイケてる洋服の方が何十倍、何百倍も価値があるのです。

とはいえ、洋服ってなかなか捨てられないですよね。

私も一部屋をクローゼット化した経験があるので、その気持ちはよくわかります。

肥大化したクローゼットは、整理整頓しようという気持ちさえはるかかなたに遠のかせ、どこに何があるか見つからないブラックホールと化すのは当たり前。するど、毎回「見つからないから、とりあえずこれを買っておこう」とすでに家にあるような、しかもイマイチなものをどんどん買ってしまうスパイラルに入り込んでしまうのです。

これでは今社会問題になっている、ごみ屋敷と同じ。

では、肥大化してしまったクローゼットをスリムにするには、一体どうすればいいのでしょうか。

答えは、**「1着の〝納得できる服〟を買うこと」**。

1着の〝納得できる服〟を買えば、なんだかイマイチだった3着の服が確実に捨てられるのです。

イマイチな服はたとえ100着あってもイマイチなだけ。決して納得できる服に昇格することはありません。

いい買い物をすることは、不要なものを捨てるということ。つまり、捨てるために買うのです。買い物をすることで、逆に身辺整理が進むという素敵な連鎖反応が起きるのです。

50歳を過ぎたら、物を増やすべきではありません。

人生後半は、〝物を減らすために〟買い物をするのです。

「ひとつ買えば、3つ捨てられる」

この魔法のお買い物理論、この後、この本を読み進めていけば、誰でもきっとマスターできます！

幸せな買い物をする前に、“古い買い物脳”をリセット！

Ikuko Jibiki :buy happiness

2章

ロックンロールはなりやまない。そして、還暦でもおしゃれはやめられない！

今年、私は還暦を迎えました。私たちがまだ10代20代だった若い頃、40歳や50歳、ましてや還暦を迎えた方ってものすごく立派な大人に見えましたよね。ティーンエイジャーだった私は、漠然と60歳になった自分をこんな風にイメージしていました。

「60歳くらいになったら、おでかけの時はきっちりスーツを着て、ストッキングをはいた脚にハイヒール、かっちりとしたハンドバッグを持ち、お帽子なんかもかぶったり。両手に大荷物で地下鉄にヒーヒー言って乗ったりなんてせずに、移動は当然お車だから荷物は増えても問題なし。ヒールの高い靴だってOK」

でも、実際はそんな無邪気な想像は、まったく的外れ。

今、コンサバなスタイルをしたら老けて見えるし疲れる。そんな格好、まったくしたくはないし、還暦を迎えた今もトレンドは気になるし、歩きやすくてかつおしゃれなローヒール靴の情報を集め、体型をカバーしてくれて週3着られるワンピースを見つけると思わずニンマリ。

でも、実年齢は60歳な私。

美しい白髪だった祖母すみさんの姿に憧れてグレイヘアに挑戦しているものの、地下鉄で席を譲られ、「次、降りますから」と言いつつ、すごいショックを受ける始末。グレイヘアチャレンジも挫折しそうです。

そんな大人になりました。

きっとみなさんも少なからず似たような状況ではないでしょうか。

何を着ても似合った10代のあなたは、まさか、50歳や60歳になっても、自分がまだおしゃれのことであれこれ悩んでいるとは、夢にも思っていなかったはず。

昔の女性は50歳くらいでなんとなくバリバリ現役を引退していておばあちゃんカテゴリーに仲間入りしていました。でも医療や美容分野の著しい進化もあり、安心して老けさせてもらえないのが今の世の中です。こうなると、まさにハイテクノロジーがもたらした不幸といえるかもしれません。

つまり、年齢像が20年以上ずれてきているのです。


私が大好きなロック界でも同じような現象が見られます。

今年で結成57年になる〝ザ・ローリング・ストーンズ〟。ミック・ジャガーとキース・リチャーズは今年で76歳だし、ドラムのチャーリーは78歳。

今でも精力的にライブをやっていてとってもかっこいいけれど、彼らもデビューした1962年の頃には、まさか自分たちが80歳近くまで何時間もスタジアムでライブをやっているとは思っていなかったのではないでしょうか。

日本なら、ジュリーこと沢田研二さんもそうですよね。今年71歳なのに精力的にライブツアーをされています。声量もあって、ステージを所狭しと駆け巡る様子は素晴らしいと思います。

エルヴィス・プレスリーの時代なら、それくらいの年齢になったら、1年に数回ディナーショーでもやればいいか的な感じだったはず。

ローリングストーンズもジュリーもまだまだ現役で、観るほうもアーチストも外見は確かに老けました。が、心は若い？

そう、ロックンロールは何歳になってもなりやまないのです！

彼らにとって何歳になってもロックンロールがなりやまないのと同じように、私たちも50や60じゃ、まだまだおしゃれと縁が切れないのも当然ですよね。これって大変なことのように思いますが、実はとっても幸せなことだと思いませんか。

70歳、80歳になっても、大きな会場で、多くのファンとともにロックをやれる彼らはきっと最高に幸せだろうし、**アラフィフ・アラカンになってもおしゃれを楽しめる私たちも、大変だけど実は楽しいはずです。**

人生100年、まだまだ何十年も私たちは生きるのです。その間まったくおしゃれをせず、買い物もせずに暮らすことなんてできないですよね。どうせするなら、無理せず幸せになるための買い物を楽しんで、ついでにおしゃれに生きていきましょう。

目指すお手本がない、おばさん以上おばあさん未満の私たち。

現代に生きるアラフィフ・アラカンは、いわば〝おばさん以上、おばあさん未満〟。下手にバブルを満喫してしまった私たちは、おばさんと言われるのはまだいいけれど、この年齢になってもまだ〝おばあちゃん見え〟は避けたい気持ちがありますよね。頑張りすぎてイタい若作りはしたくはないけれど、まだまだおばあちゃんには見られたくない気持ちも強いのではないでしょうか。

でも、50歳手前くらいから、地下鉄の窓に映る自分の顔にぞっとしたり、ちょっと仕事を頑張りすぎたりした次の日に目の下のクマの酷さにおののいたりすることも度々。

現代のアラフィフ・アラカンの悩みは大きく深く、ついおしゃれが嫌になってしまうのも当然です。

でも悪い事ばかりではありません。

私は還暦を前に、思いきって眼瞼下垂《がんけんかすい》の手術を受けました。事の始まりは、コンタクトレンズの定期検診で眼科を受診した時のこと。医者から「眼瞼下垂ですね。保険で手術できますよ」と告げられました。加齢、そして長年コンタクトレンズを使用している影響で、自分でも気がつかないうちに保険が使えるほどに、瞼《まぶた》が下がっていたのです。

ショックを受けた私は、眉の下の皮膚を切って縫い縮める手術を受けました。そのあと1週間ほどは、目の周りが腫れて、お岩さん一歩手前でした。でも今ではすっかり傷は治り、視界も明るく広く、目もぱっちり。

人生10年分を、巻き戻した気持ちです。

このように、**これまでの常識では太刀打ちできないことを理解し、自分の身に起こっている変化を受け入れること**から始めましょう。

あなたの全盛期と同じ格好をしても、それは単なる〝過去おばさま〟でしかない。

平成という時代は本当にいろんなものが激変した時代でした。

スマホの登場と普及はその最たるもの。スマホが登場する前は、私のバッグには、住所録と地下鉄乗換図、そしてポケットマップが必ず入っていましたよね。今はぜんぶスマホ1台でできちゃうから、たぶん誰もそんなのを持ち歩いてはいないはず。

思えばウォークマンやカメラ、録音機はもちろん、筆記用具や手帳までバッグの中から姿を消しつつあるし、ここ数年はレジもキャッシュレスに移行していて、私はあまり現金さえも持ち歩かなくなりました。

そしてメールやSNSの普及で、暑中見舞いや年賀状をはじめ、お礼状などのやりとりも少なくなり、日本の伝統である手紙文化さえ消失しつつあります。

スマホの登場は、江戸時代の日本に黒船が来たくらいの大きなものだったと言えるのではないでしょうか。昔は重要だったものがどんどん姿を変えていき、どんなものにも永遠なんてない、ということを今私はしみじみと感じています。


ファッションや美容に関して私たちが陥りがちなのは、昔の栄光についついすがりついてしまうこと。

誰もが自分が一番きれいだった時、輝いていた時の残像が頭の中に残っていて、今それを再現したらきっと、またあの頃の輝きが再生できるのではないかと思ってしまいがちなのです。

これこそが若作りのワナ。

あなたが輝いていた20歳の頃はもはや30年前。

若い頃の栄光は、つまりは、昔の栄光。

その栄光にすがりついて、30年前の過去の自分をそのまま再現しても、周りから見たら悲しいかな、ただの古い格好をした〝過去おばさま〟でしかないのです。**昔似合っていたという安心感から、また手を出してしまうと、100%失敗します**。なぜなら、あなた自身には確実に30年の年月が流れているから。あなたも服もバッグも靴もどんなものにも永遠なんてないのです。
そう、〝DON'T LOOK BACK!〟なのです。

振り返ったら負けです。

変化を恐れてはいけない。愛も宇宙も変わりながら続く。

「若作りのワナ」にひっかかってしまったとしても、鏡に映った過去にすがりついている自分の姿を見て、あなた自身も「あれ？　なんか違うな。こんなはずではなかったのに……」と思うはず。

そう、その感覚（センス）があれば大丈夫。

あなたは絶対、今に生きることができます！

その感覚を買い物の時にも大事にしてください。

好きだったものが似合わなくなっている、ということに気がついているということは、とっても良いことなのです。

その気づきこそチャンス！

変わることを恐れず、その気づきを進化につなげるのです。

変化することって誰でも怖いですよね。できればこれまでのまま、現状維持で行きたいし、行ければ一番ラクです。でも、顔や体はどんなに頑張ってもそのままではいられないし、あなたを取り巻く世の中の状況も確実に変わっていく。どんなことでも時が経つと絶対に変化するのです。

たとえば石造りで永遠に存在すると思っていた、パリのノートルダム大聖堂も火事で一部焼失してしまいました。とても悲しいことですが、変わらないもの、永遠のものなんてない。

永遠といわれる愛と宇宙も、じつは激しく変わりながら存続しているのです。

人間は一生変化しながら生きていきますよね。永遠に18歳のままで生きていくなんてできないのですから、ましてや、洋服や靴などファッションに関しては、永遠に似合い続けるものなんてほとんどありえないのです。

ここまでお話ししたらお気づきかもしれませんが、**50歳になっても60歳になっても素敵で心地よくいるために、まず最初にすべきなのは、「変化を認める」こと。**

変化を認めてそれを楽しむのです。たとえば、伝統芸能や古典芸能も、今の時代に合わせてその世界なりのバージョンアップをしているものは平成、令和でもしっかり生き残っています。

おしゃれも同じ。年齢を重ねて老眼になって物が見づらくなることは悲しいことだけど、逆に言えば、おしゃれな眼鏡ファッションを楽しむことができるようになったということ。

これは若い時にはなかったおしゃれの楽しみですよね！　そんな風に、自分の年齢による変化を認めて次のステップに行く用意をする。

今アラフィフ・アラカンの私たちは、そんな時期にきているのです。

失敗はしたほうがいいのです。失敗してこそ成功と未来がある。

最近、20代の若い人たちに買い物について意見を聞く機会がありました。今の若い人たちは生まれた時から世の中は不況で、世代的にはあまり贅沢を知らない世代だと言われています。だからなのか、ついつい財布の紐がゆるんでしまいがちなバブル世代の私たちとは違い、実に金銭感覚がしっかりしていて、つまらない買い物をしない傾向にあります。この値段にこの品質が見合っているかを、よく見極めているのです。

それに比べて私たちは、基本的に楽観的な世代。ブランドには目がないし、次から次に買うから、ちょっとした失敗からは目を背け、いちいち総括したりしない。**バブル世代は全体的に失敗を認めない傾向**があり、失敗慣れしていない世代なのです。そんな私たちが一旦失敗をしてしまい、それを自分でも認めてしまったらどうなるか。打たれ弱いバブル世代はひどく落ち込み、もうおしゃれなんかやめたい！　そんな気持ちになるのです。

でも、そこが間違いだと私は思うのです。

声を大にして言いたい。失敗していいんです！　失敗してこそ人間は成長するし、失敗しない人には未来はない、と私は思います。

たとえば、結婚する時に、「将来離婚しよう」と思ってする人なんて誰もいないですよね。でも今や2、3分に1組（注②）が離婚をする世の中。相性がよくなかったとわかればさっさと離婚すればいい。そうすれば新しい幸せに近づける。失敗をし、失敗から学んだ人こそ、次にそれを活かすことができるのです。

おしゃれも同じです。ヘア＆メイクアップアーティストの山本浩未さんにうかがったのですが、美容アイテムで、たとえば口紅とかチークなど、今年のトレンドの色というものがあったとします。たとえトレンドだと言っても、実際は4割の人には似合わないのだそう。

つまり、失敗して当たり前。

成功したら御の字！

それくらいの気持ちでおしゃれの買い物に向き合いましょう。

注②……厚生労働省「人口動態統計の年間推計」によると、2018年度、離婚件数は20万7000組。離婚率（人口千人対）は1、66。

マドンナの「アメリカン・ライフ」が身に沁みる。いい物欲と悪い物欲。

少し前に収入が一時的に多くなった年がありました。大金を手にしてしまった私は、欲しいと思ったものをろくに考えもせずに全部買ってしまったんです。洋服や靴、バッグだけでなく、インテリアグッズや電化製品、ＡＩ関係まで幅広く。欲しいものをどんどん買ったら、きっとものすごく幸せな気分になれるんだろうな……と思っていたのですが、実は全然違ったのです。

たくさん買ったものには失敗も多く、欲しかった物が手に入ったのに、想像したほど、気分の高揚も長くは続かず、意外にもなんだかつまらなかったんです。こう書くといやみにしか聞こえないかもしれませんが、嫌われてもいいので書きますね。（ひとりバブルの再来でした）

買い物って、「お金がこれくらい貯まったらあれを買おう」と、自分が出せる予算内にいかに収めるかなどを、あれこれ考えてやっと買うから楽しいのであって、ろくに考えもせずにぽんぽん買ってもまったく楽しくないし、そうやって手に入れたものはすぐに飽きてしまうんです。そんな状況自体にもだんだん飽きてしまい、だんだん物欲がなくなってきてしまった私。物欲がなくなるとなんだか生活全体に意欲がなくなり、「あんまり物欲がなくなると人間生きてる意味がないな」と実感したのです。物欲にもいい悪いがあって、いい物欲は生活にハリを持たせてくれるんですね。

一方で、'80年代に、「マテリアル・ガール」という〝すべてを欲しガール〟(笑)な歌詞で、大ヒットを飛ばしたマドンナですが、20年後には「アメリカン・ライフ」という曲で、すべてを手に入れたセレブライフ、それでも満足幸せは得られなかった虚無感を歌っています。普通の女性たちが夢見て憧れる、マテリアル――服やその他欲しかったもので満たされたマドンナの結末です。

すべてを手に入れても幸せになれない。手に入らない物が少しあったくらいが幸せ！

今、それがじんわりと心に沁みています……。

私も含め、**アラフィフ・アラカンの女性たちは今、一旦立ち止まって〝いい物欲悪い物欲について考える時期〟**に来ています。今心にある物欲は自分を幸せにしてくれるいい欲？　この物欲を満たせば家にたまっているものをいくつか捨てることができるか、自分のクローゼットや家の中を理想の方向に変化させることができるかを熟考してみましょう。

たかが買い物とあなどるなかれ、あなたの残りの人生を左右する大切な決断になるはずです。

次の章では、その物欲を幸せな買い物に導く、賢い買い方メソッド「令和流〝清水買いVS衝動買い〟」についてお話ししていきます。

コスパで考える、
令和流
“清水買い”*vs*“衝動買い”

3章

Ikuko Jibiki : buy happiness

元祖〝清水《きよみず》買い〟VS〝衝動買い〟とは？平成初期の感覚はこうだった。

〝清水買い〟という言葉は今では一般的にも使われるようになりました。もともと、〝清水買いVS衝動買い〟は、25年ほど前に『Oggi』という女性誌で、私が担当していた短期連載で提唱した考え方です。もしかしたらこのページを記憶してくださっている方もいらっしゃるかもしれませんが、ここで簡単に、当時の〝清水買いVS衝動買い〟の定義をお話ししておきましょう。

〝清水買い〟とは私がつくった造語で、当時でいえば、50万円以上の腕時計や、20万円以上のブランドバッグなど、まさに「清水の舞台から飛び降りるくらいの覚悟で思いきった金額で買うこと」をいいます。

それに対して、〝衝動買い〟とは、「一万円以下くらいで買えるコスパのいいものを賢く買うこと」をいいます。

当時はまだ、今ほどファストファッションも普及していなかった頃。バブルの名残がまだあって、依然として思いきった〝清水買い〟を楽しむ人もいれば、「プチプラ」の名の下、コスパ買いに邁進する人もいる時代で、同じアイテムで両極端の値段の買い物を提案するこのテーマは、ありがたいことにとっても人気がありました。

でも、時代はどんどんデフレに突入し、おしゃれなファストファッションが次々と進出。さらには強力な100円ショップやセンスのいい300円の小物なども現れ、もはや〝清水買い〟も〝衝動買い〟も、以前とは少々感覚が変わってきているのです。

〝平成 清水買い〟は家庭内美術館へ、〝平成 衝動買い〟は廃棄済み！

あの頃、一生もののつもりで買った〝清水買い〟アイテム。いざという時に着よう、いざという時に持とうと、まるで宝箱にしまうように大事に保管したまま、そのまま何十年という月日が流れました。でも、いざという時はそんなに頻繁にはなく、ときどき宝箱から出しては、「いつ見てもきれいね」とうっとり眺めるだけ。

そう、それはもう〝家庭内美術館の貯蔵品〟。

いつまでもきれいなのは使っていないからで、逆に言うと、きれいということは使えないということだとも気づかずに、またそっと大事に仕舞い込む。家庭内美術館をいつまでもキープしていられる蔵でもある人ならいいけれど、場所も取るしそろそろ悩みの種。保管している場所を家賃に換算してみたら、ぞっとするような額になっていることも知らずに……。これは、今後見る予定もないレンタルビデオを何十年も延滞金を払いつつ家に置きっぱなしにしているのと同じですよね。中途半端なブランドものは値段がつくうちにリサイクルショップに出したほうがまだましでした。

かたや〝衝動買い〟アイテムのほとんどは、とっくにゴミ箱へ捨てられ忘却の彼方。

でも！　この結末を知っている私たちは、次にステップアップできるのです。

そう、第2章でお話ししたように、失敗を糧に次に進化することが大事。平成の経験をもとに、〝清水買いVS衝動買い〟を令和にシフトさせ、「幸せになる買い物」を行動に移す時です。

次のページで、そのアップデート法を考えていきましょう。

〝清水買い〟と〝衝動買い〟はオトコにたとえるとわかりやすい！

少し前にロンドンに行った時に、日本円にしたら３０００円くらいするようなハンドソープを買いました。ハンドソープに３０００円⁉　って今なら思うのですが、そこは海外に行った時にありがちなパターンで、かなり舞い上がっていた私。ついつい「オーガニックだからいいか！」と買ってしまいました。これが、高いだけあってボトルもとっても素敵。帰国後、自宅で手を洗う度にいちいちうっとり、手洗いだけで気分がとっても上がるんです。

この３０００円のハンドソープは、私にとってまさに〝清水買い〟といえるでしょう。

そのハンドソープがなくなった時、私はその素敵なボトルに市販の１９８円くらいの無香の詰め替え用を入れ、大好きな無印良品のユーカリのエッセンシャルオイルを8滴くらい垂らしてみたら、あら不思議！　あの素敵なロンドンのハンドソープにかなり似たものの出来上がり。

つまり、このお安くて賢い買い物は、イコール〝衝動買い〟。でも、これ、実はロンドンでの**清水買いがあってこそのテクニック。よい清水買いは、衝動買いのレベルも上げてくれる**のです！

ここで、〝清水買い〟と〝衝動買い〟について、もう一度わかりやすくおさらいしておきましょう。この時、少々艶っぽい話になりますが、「買い→オトコ」と置き換えてみればとてもわかりやすいんです。

まず、〝清水買い＝清水オトコ〟。

これは、すごいイケメンで細マッチョ（ゴリマッチョがお好きな方はそちらで！）のナイスバディであることは間違いなく、イケメンのくせに何回会っても全然飽きず、出会った時のトキメキが2年経っても3年経っても、最初と同じようにずっと続いてる！　エスコートもパーフェクトだし、一緒にいるだけでおしゃれな気分になれて、なんだか自分に自信まで持てるようなそんなオトコ。

昔は、これが、100万円を超えるダイヤモンドがついた時計だったり、誰もがあのブランド！　とわかる30万円近くのバッグだったり。投資したことに悔いが残らないもの（オトコ？）が清水買いでした。でも、令和の今ならそこまで大金を支払わなくてもよくなりましたが（笑）。

一方、〝衝動買い＝衝動オトコ〟。

見た目はもちろん一定以上のイケメン。

いろいろあって長続きはしなかったとしても、ワンナイトラバーの関係でも、素敵な思い出をしっかり残してくれるそんなオトコ。

昔なら一晩をともにしたら顔も名前も忘れちゃうようなチャラいオトコだったかもしれませんが、令和の今は全然違う。

たとえワンナイトでもその後しばらくは心に癒やしをくれるような、そんな内面もイカしたオトコ。

それが令和の〝衝動オトコ〟なのです。物でいったらワンコインから数千円で今の気持ちを上げてくれる、財布に打撃を与えない素敵なアイテム。

清水オトコと衝動オトコ、どっちかなんて選べない！

両方がいることで豊かな人生と言えるのです！（笑）

令和流〝清水買い〟VS〝衝動買い〟。コスパは宇宙からのリース料⁉

あの頃より、個人の年収が数十万円単位で下がり、世の中もどんどん節約志向になった令和の今、おしゃれの買い物にかける金額はどんどん限られたものになってきています。

でも、とにかくやみくもに値段の安いものだけを探すのは少し違います。生活を楽しむ、豊かにするために必要なものを適切な価格で手に入れることが大切。

じゃあ、それはどうすればよいのでしょうか？

私は、最近〝コスパは宇宙からのリース料〟と考えて、何回使うか1回あたりにかかる値段を割り出すようにしています。そして、その物の1回あたりの〝宇宙からのリース料〟を、コーヒーショップで飲む1杯のカフェラテと比べてみる。

その差額を自分の価値観と照らし合わせれば、それが適正かどうか判断できるんです。

たとえば、先日、iPhoneXを買った時の私の頭の中をここに再現してみましょう。iPhoneXは、本体価格が約15万円です。携帯電話に15万円？と最初聞いた時は、びっくりしました。だったら、新しいMacを買おうかしら、と私は考えました。でも、「ちょっと待って。今、MacよりほとんどiPhoneで事をすませてない？」そこで私は、15万円のiPhoneXを宇宙からリースしたと考えました。この時考えているのは本体料金のみです。設定したリース期間は3年。15万円なら、1年で5万円、1か月で約4167円、1日にしたら約139円。

あら？　あそこのカフェラテの半額以下じゃない！

この値段でこれだけの機能が満喫できるのなら相当お得！

そして私は、ｉＰｈｏｎｅＸを心穏やかに購入することにし、今快適なスマホライフを送っています。

みなさんも、何か買おうと思った時、**その物の想定使用回数で、金額を割り算し、宇宙からのリース料と考えてみて**ください。

それをあなたの価値観に照らし合わせてみてＯＫだったら、それは買い！　なのです。

Hot list / 1

［実践編］

新“清水買い”
VS
“衝動買い”

Ikuko Jibiki :buy happiness

BASIC ITEMS

素材が勝負の“清水買い”
サイズ幅の広い“衝動買い”、
ベーシックものは賢く買い分ける！

今の時代だからこそ、ワードローブの良し悪しを決める、いわば〝肝〟になるのはベーシックアイテムだと言えるでしょう。

ひと昔前の雑誌なら、「高くても質のいいものを買えば、長く着られる」と提案されていました。でも、いくら高くていいベーシックアイテムでも、4〜5年経てばすっかり古い顔になってしまった、ということにみんな、もう気がついていますよね！　形が変わらないように見えるベーシックアイテムこそ、定期的に買い替えていくべきなのです。

次ページ以降、ベーシックアイテムで私がおすすめする〝清水買い〟アイテムは、どれも多少高価でも納得できる質の高さをキープしているものばかり。さらに、お値段がかなり手頃な〝衝動買い〟アイテムもなかなかのすぐれものぞろいです。いわゆるコスパブランドといわれるものは、サイズの幅広さも強みでもあります。それぞれの良さを把握して買い分けてみてはいかがでしょうか。

白Tシャツ *White T-shirts*

ここぞ！　というときに着たい「大人の贅沢白Tシャツ」

Salvatore Ferragamo

サルヴァトーレ フェラガモ

ハイクオリティな素材と秀逸シルエットのTシャツなら、ジュエリー映えもし、きちんとした場所でもOK。2019年秋冬、コレクションルックとしては初のTシャツを登場させた〝フェラガモ〟。張りがある上質なコットン素材と上品な光沢感はさすが！　広すぎず狭すぎないエレガントなクルーネックが大人の首もとを美しく見せてくれます。

取り外し可能なシルバーカラーのブランドロゴブローチ付き。白以外もあり。
クルーネックTシャツ¥34,000／サルヴァトーレ フェラガモ（フェラガモ・ジャパン 0120-202-170）

数枚買ってローテーションで着たい「コスパ抜群Tシャツ」

Uniqlo U

ユニクロ ユー

毎シーズン、数枚買うほど私のお気に入り、〝ユニクロ ユー〟のクルーネックTシャツ。1枚¥1,000だから5回着たら1回¥200！　惜しみなく着られるコスパの良さはもちろん、それ以上に素晴らしいのはシルエットの美しさ。袖と着丈のバランスが絶妙で、ネックラインのリブ幅はやや太めで素敵。

袖口と裾は天地縫いと呼ばれる高度な技術で縫い目が目立たない。抜群の着心地の良さ！
クルーネックTシャツ￥1,000／ユニクロ ユー（ユニクロ 0120-170-296）

黒パンツ *Black Pants*

最高にはき心地のいいジャージー素材で、シワになりにくい

COGTHEBIGSMOKE

コグ ザビッグスモーク

ここ数年でおしゃれアイテムの仲間入りしたスウェットパンツも、大人には厳しく吟味すべきアイテム。おすすめはジャージー素材にフォーカスしたブランドのこのパンツ。肌触りのいい上質なジャージー素材でデザインはエフォートレスかつエイジレス。裾幅の調整が可能なスナップ付きでシルエットの変化を楽しめて、お得感満載！

股下にゆとりがある個性的なシルエット。ベーシックなTシャツなどに合わせてデイリースタイルに。パンツ￥29,000／コグ ザビッグスモーク（Passage Limited☎03-6875-9980）

着まわしやすいシンプルテーパードはコスパを考え毎年アップデート！

ZARA

ザラ

シンプルな黒のテーパードパンツを1本持っていれば、トレンド色の強い個性派トップスも受け止めてくれるし、もちろんブラックオンリーでまとめてもかっこいい。こんなアイテムこそ毎年変わる微妙なシルエットに注意が必要。おすすめは5,000円前後で購入可能で気後れすることなく着倒せる〝ザラ〟。今なら深めの股上をチェック。

シルエットがきれいなのは当たり前。細かいディテールで鮮度が決まるので、
毎年買い替えるくらいの気持ちで！　ザラのテーパードパンツ／著者私物

チノパンツ Chino Pants

おしゃれを極めたいならトレンドを実感できるこのブランド

CINOH

チノ

遊び心と高揚感を持つ大人のリアルクローズを提案する"CINOH"。このパンツもいわゆるメンズライクなチノパンツとはひと味もふた味も違う、洗練を極めたデザインです。ハイウエストでキュッとベルトで締め、そこから流れ落ちるワイドなシルエットは下半身を美しくカバーしてくれる優秀さ。体型カバーと今どき感、両方を堪能できます。

コーディネイトにひとつ取り入れるだけで今っぽく仕上がる、とてもおしゃれなブランド。ウエストベルトパンツ￥36,000／チノ（モールド☎03-6805-1449）

衝動買い
Shoudou buying

あえてメンズを選び、ゆるめにはくと、おしゃれ上級者の香り

UNIQLO

ユニクロ

トラッドの洗礼を受けた大人の心をキュンとつかむ、〝ユニクロ〟のメンズチノは、コットン100%のツイル織り素材でウォッシュ感を控えクリーンな印象。はき込んで何度も洗うことで、自分らしい表情に育てることができるのも魅力。ゆったりシルエットだから、裾をロールアップして、ウエストをキュッとしめてはくと逆に色っぽくて素敵ですよ。

素材、仕立て、ディテールのすべてを昔ながらのチノにこだわった本格派。メンズヴィンテージレギュラーフィットチノ ¥2,990／ユニクロ（ユニクロ 0120-170-296）

デニムパンツ *Denim Pants*

清水買い Kiyomizu buying

しなやかなタテ落ち感のある11オンスデニムは軽くてはき心地最高！

någonstans

ナゴンスタンス

一見、変わった形で「私には無理！」と思っても、はいてみないとわからないのがデニム。違和感があるくらいが今のトレンド感なのです。かなり深めの股上&ゆったりシルエットはなかなか手が出しにくいかもしれませんが、チャレンジしてみれば意外に似合う可能性大！着る人の個性を引き出し、モードに仕上げる、豊かな表情のデニムです。

テーパードのクロップド丈はロールアップするともっと軽快に。
デニムパンツ￥26,000／ナゴンスタンス（ナゴンスタンス☎03-6730-9191）

トレンドのハイライズストレートシルエットは体型カバー力も抜群

UNIQLO

ユニクロ

ストレートデニムなんて毎年同じでしょ、とあなどるなかれ。毎年微妙にカットが違うもの。3年越えるとすごく差が出てきます。これは流行をおさえつつ、厚みのある生地を使うことで脚のラインを拾いすぎず、直線的な美しいシルエットとバックスタイルを演出。気になるお腹、お尻回りもしっかりカバーしてくれる安心のはき心地です。

しっかりとした本格ヴィンテージの風合いを持つカイハラ社のストレッチデニムを採用。
ハイライズストレートジーンズ￥3,990／ユニクロ（ユニクロ☎0120-170-296）

FLAT&LOW HEEL SHOES

こみあげる特別な高揚感と、1シーズンのみのあえての遊び心。両方楽しむ令和の足元

私が人と会った時、まず目が行くのが足元。その人の靴を見るだけで、どんな生活をしているか、また、本当におしゃれな人なのかまで、全部わかります(笑)。

以前は私も、靴にはお金をかけるべきと散々言ってきましたが、現在は、そのシーズンだけ楽しめればいいと割り切れば、お金をかけなくても、履き心地のいい靴が見つかるようになりました。私が靴の〝衝動買い〟で選ぶのは、たとえば白い靴。高いものだと汚れがこわくてなかなか選べないものを

気軽に選んで楽しんでいます。

それとは対照的に、ある程度の投資が必要な〝清水買い〟の靴は、あなたの足の〝もう1枚の皮〟と考えて、気合を入れて選びましょう。価格が高い〝清水買い〟靴は履いた瞬間に足元からこみあげるような高揚感を与えてくれます。靴に投資をする時は、両足で試すのはもちろん、何足も履いて違和感のないものをじっくり選ぶようにしましょう。なにしろ、あなたの足を守ってくれる大事なもう一枚の皮なのですから。

レースアップ靴 *Lace-up Shoes*

レザーシューズの逸品はソックスと合わせて週3回は履きたい

CHURCH'S

チャーチ

今シーズン素敵なブランドのショーで見かけた、おしゃれな大人たちの足元は、ほとんどが黒のレースアップ靴。〝チャーチ〟の定番「バーウッド」は、ぽってりとしたエッグトゥと愛らしいフォルムがなんとも素敵。アッパーにはお手入れが簡単なポリッシュドバインダーカーフを使い、ラバーソールを使用。メタルスタッズ付きもエッジーな可愛らしさ。

〈上から〉バーウッド メット¥96,000・バーウッド¥79,000／チャーチ（チャーチ／チャーチ表参道店☎03-3486-1801）

Shoudou buying

衝動買い

足にフィットするしなやかさとミニマムなデザインが好感度大

MUJI

無印良品

消耗品である白い靴に何万円も出すのは厳しい、と思ったら、お手頃価格の〝無印良品〟のレースアップ靴を。アッパーは羊革で柔らかく、インソールは歩行をサポートする仕様を採用し、足なじみ良く仕上げたフラットシューズ。軽くて楽チンでカジュアルなスタイルにも気軽に履け、白い靴もこれなら臆せず履きつぶせます。

レザーレースアップシューズ各￥5,463／無印良品
（無印良品 銀座☎03-3538-1311）

きれいめ靴 *Lady Like Shoes*

華奢に見せるていねいなつくりが、大人の足元に今の洗練を授けてくれる

PELLICO

ペリーコ

美しい木型とイタリア最上級の素材で人気の1cmヒールの名品。シンプルかつエレガントなデザインで、包み込むような履き心地と均整が取れた美しさを実現。低ヒールの場合、ポインテッドトゥを選ぶのがスタイルよく見えるコツ。オフィススタイルから、デニムや細みパンツ、ワンピースとも相性よく、投資の価値ありです！

すべての女性に合うようフィッティングにこだわった美人靴。ANELLIはリングをイメージ。パンプス「アネッリ」（ヒール高1㎝）￥48,000／ペリーコ（アマン☎03-6418-5889）

程よいモード感のおしゃれ靴を選ぶなら無敵のブランドで

ZARA

ザラ

私も愛用しているペタンコミュール。履いて出かけると必ず「その靴どこの靴？」と聞かれます。リッチなパイソン柄なのに、ガンガン履けて、ワンシーズンでつぶしても悔いはないお値段。深い履き込みで足を柔らかく包み込み、とても歩きやすいんです。〝ザラ〟の靴はサイズと足の形にさえ合えば、超お買い得ですよ！

大人顔のパイソン柄の靴は￥4,990と値ごろ感あり。
ザラのパイソンプリントミュール／著者私物

スニーカー *Sneakers*

足元が主役！ 5割増しのおしゃれ通に見せる、勢いのあるかっこよさ

PIERRE HARDY

ピエール アルディ

高級スニーカーのトレンドを牽引する〝ピエール アルディ〟。人気のセレクトショップでもよく見かけますし、スタイリストやモデルにも愛用者多数！ 履くだけで気持ちが上がるまさに清水オトコなスニーカーです。トレッキングシューズに着想を得た「トレックコメット」は、キューブ柄をプレスしたソールが特徴的。配色にもモード感と遊び心が効いています。

〝クリスチャンディオール〟、〝エルメス〟のメゾンでシューズを手がけたトップデザイナーのパンプスも構築的で人気。「トレックコメット」スニーカー¥77,000／ピエール アルディ（ピエール アルディ 東京☎03-6712-6809）

衝動買い

白い革スニーカーでも惜しみなく履き倒せる大人のための新ベーシック

adidas Originals

アディダス オリジナルス

まさに私の日々の足となっている「スタンスミス」。週1～2回は履いています。私の場合は2年で履きつぶし、新しいものにアップデート。一見、何年も前のスタンスミスと同じように見えますが、履いてびっくり！ ソフトなレザーのアッパーとライニング、耐久性の高いラバーカップソールと、買い替えの度に進化を感じさせてくれます。

ローカット仕様のクリーンなデザインが、'70年代のオリジナルモデルを彷彿とさせる。スタンスミス￥14,000／アディダス　オリジナルス（アディダスグループお客様窓口☎0570-033-033）

Accessories for 50s/60s

大人はファンタジーだけで生きていられない。実用性の有無を吟味して

大人になればなるほど、洋服以外の小物の選び方にも、だんだん変化がでてきます。

たとえば、バッグ。若い頃は、デザインやトレンド、そしてブランド重視。どんなに重くても、今一番のＩＴ ＢＡＧをがんばって持ち歩いていましたよね。でも、五十肩を経験した私たちたちは今や、バッグは軽いことが必要条件になっています。

時計だってそうです。今は、文字盤の見やすさが大事。たとえ、どんなに名品と言われる時計で

も、何時か見えないようでは宝の持ち腐れ。ファンタジーだけでは生きていけないのがアラフィフ・アラカンの私たちなのです。

今回私が選んだ〝清水買い〟小物は、見映えと実用も兼ね備えたいわば才色兼備なものばかり。一方、〝衝動買い〟小物は、リボ払いしなくてもいい価格(笑)で買える実用性に抜きんでたものを選びました。

両方をうまく使い分けて生活に取り入れてもらえたら、ぐーんとおしゃれの幅が広がりますよ。

時計 *Apple Watch*

アイコニックな二重巻ベルトと最強ツールの共演にうっとり

APPLE WATCH Hermès

アップルウオッチ エルメス

今、私の手首を飾る時計は〝APPLE WATCH〟。中でも清水オトコ的に気分をぐーんと上げてくれるのが「APPLE WATCH Hermès」。あの〝エルメス〟の時計がこの値段で楽しめるなんて！ 老眼になってきた私にも嬉しい、数字が見やすいエルメス仕様の文字盤は、手首に目を移すたびにいちいちうっとりできます。

アップルウオッチ エルメス（40㎜／ドゥブルトゥールレザーストラップ）
￥149,800／エルメス（エルメスジャポン☎03-3569-3300）

大人の日常をフォローする有能な秘書の白ベルトは、ワンタッチでお着替え可能

APPLE WATCH

アップルウオッチ

地下鉄やJRに乗る時も飛行機に乗る時もホテルチェックインもこれひとつでOK。電話の応答もできちゃう上に、心拍数も測ってくれ、歩数計にもなったりと健康管理までしてくれる。大人こそ持ちたい充実の機能。私は仕事やスポーツクラブ、ヨガのときまで、いつも一緒です。ホワイトベルトも臆せず楽しんで。

アップルウオッチ　シリーズ4（40㎜／シルバーアルミニウムケースとホワイトスポーツバンド）￥45,800／アップルストアコールセンター（☎0120-993-993）

バッグ *Bag*

ハイブランドのバッグも優雅さと品格のアップデートは必須

Salvatore Ferragamo

サルヴァトーレ フェラガモ

カジュアルなデニムからきちんとしたジャケットスタイルまで、幅広い場面で大人を格上げしてくれるのが、ガンチーニのクロージャーがアイコニックな「フェラガモ スチューディオ バッグ」。長さが調整可能な2WAYストラップや、スマホが入る外ポケットなど機能性も抜群です。メタル製の底鋲つきでバッグをつい床に置いてしまう私には、完璧なエブリディバッグと言えます。

フェラガモ スチューディオ バッグ(2点とも、高さ 25×幅29×マチ14.5cm)〈上から〉グレージュカラーのカーフ素材¥250,000・「ガンチーニ コレクション」のカーフ×ファブリック素材¥240,000／サルヴァトーレ フェラガモ(フェラガモ・ジャパン☎0120-202-170)

この値段でこの品質！コスパ最高！　地球にやさしい新エコバッグ

MUJI

無印良品

私のまわりのおしゃれピープルも夢中で、まさに衝動的に3サイズ全部買っても1000円でおつりがくるのがスゴイ！　しかも、短い生育期間で育ち、一般的な木と比較して5～6倍もの二酸化炭素吸収力のある環境負荷の少ない素材で、地球にやさしいという大きなオマケ付き。レジ袋の代わりや家での収納にも使えます。

限定店舗での取り扱い。各店舗で在庫状況が異なります。ジュートマイバッグ A3（高さ36.5×幅46×マチ22cm）￥269・A4（高さ31.5×幅36×マチ19cm）￥232・B5（高さ27×幅31×マチ16cm）￥176／無印良品（無印良品 銀座☎03-3538-1311）

眼鏡 *Glasses*

ありそうでなかったスタイリッシュなフレーム！
ヴィンテージの良さを現代的な解釈で表現

MR. LEIGHT

ミスター ライト

ラグジュアリーなアイウエアブランド〝オリバーピープルズ〟の創設者ラリー・ライトが息子のギャレット・ライトと始めた、高感度なお店でのみ取り扱われている注目の眼鏡ブランド。テンプルの部分で最適なかけ心地に調整できます。近視乱視老眼のトリプルガチメガネが必要な私は、このブランドで眼鏡をつくると気分がぐっと上がる！

眼鏡〈上から〉「Beverly」￥78,000・「Mulholland」￥78,000／ミスター ライト（コンティニュエ☎03-3792-8978）

難しいハイクオリティな度つきレンズもOK。
眼鏡にまつわるわがままも叶えてくれる

MEGANE ICHIBA

眼鏡市場

老眼鏡からパソコン用まで数種類の眼鏡が必要になる私たちロウガンズ(老眼's)世代(笑)。コンタクトをしていても、遠くも近くも見えにくい私にとって、コンタクトの上からかける老眼鏡は必需品。遠近両用レンズにブルーライトカット機能をプラスしたり、サングラスのレンズカラーもオーダー自由。ブランドのフレームを持ち込み、レンズのみ入れることもOK!

サングラス(MARY-302 CLBRH) ¥9,000・眼鏡(Mic-02 OLGRN) ¥18,000
/眼鏡市場(お客様相談室0120-818-828)

ストール Stole

お顔のそばに〝サルティ〟があるだけで、
その人のオーラがラグジュアリーに変わる！

Faliero Sarti

ファリエロ・サルティ

ジャケットやコート並みの、高価なストールといえば〝ファリエロ・サルティ〟。それも納得するくらい肌触りは最高で清水買いも後悔なし！ストライプの方はしっとりとした触感のモダール×カシミアで、大判でも軽量。カジュアルに巻くだけでおしゃれ。どんな色の服にも合うベージュは、1枚は持っていたいウールカシミアシルク。季節を問わず使えます。

（左から）ストライプ柄（モダール90％×カシミア10％、135×175cm）¥49,000・ベージュ（ヴァージンウール58％×ナイロン20％×カシミア16％×シルク6％、80×185cm）¥40,000/ファリエロ・サルティ（アッシュ・ペー・フランス（本社）☎03-5778-2022）

トレンドカラーや旬の柄を気軽に楽しむ時も、
発色の良さにこだわって

altea

アルテア

ストールは、あまり安価なものを選んでしまうとそれが如実にわかってしまうので、衝動買いでも上質セーターくらいのお値段は出す覚悟が必要。その年ならではの柄や色に出合える〝アルテア〟は私も大のお気に入りです。左は、ウール混の綾織りでアウター代わりにもなるデザイン。右は、深みのあるブルーがなんともいえず美しく、着映えを約束。

（左から）ポンチョ型ストール（ウール70%×ナイロン30%、130×160cm）
¥26,000・ストール（アクリル62%×毛20%×ポリエステル18%、56×180cm）
¥26,000※２点とも参考価格／アルテア（アマン☎03-6805-0527）

フレグランス *Fragrance*

ふわっと香れば自分も周りの人たちも幸せに。
名刺代わりに素敵な女性の余韻を残して

SHIGETA

シゲタ

「バッグに、ポケットに、いつもシゲタ！」というくらい、もはや私にとってはおまもりのようなアロマオイル。これまでの人生、度々助けてくれたのでオイルに5,000円という清水買いも、後悔なし。ローズマリー、ラヴェンダー他が入った「FREE ME」は、肌につけて心と体の緊張感をリリース。「BREATHE」は、自宅でデフューザーに。

（右）エッセンシャルオイルブレンドFREE ME（15ml）￥5,000・アロマディフュージョンBREATHE（15ml）￥3,000／シゲタ（シゲタ ジャパン☎0120-945-995）

アロマストーンに直接オイルをしみ込ませるだけで
ずっと香りに包まれる

MUJI

無印良品

いつも香りに包まれていたい私は、自宅でも旅でもアロマを常に絶やしません。アロマストーンにしみ込ませるだけで手軽に香りを楽しめ、電気も不要。この価格はお買い得。デスク周りやベッドサイドなど、自分の周囲を適度に香らせてくれます。集中したい時は清々しいローズマリー。クローゼットにはユーカリ。ゆずはお風呂にも。

(上から)アロマストーン(皿付き) ￥639・エッセンシャルオイル ローズマリー(30mL) ￥2,769・ユーカリ(10mL) ￥917・ゆず(10mL) ￥2,121／無印良品(無印良品 銀座☎03-3538-1311)

キャミソール *Camisole*

これぞ着る悦楽！
洗練フォルムと天然素材の至極の肌触り

HANRO

ハンロ

一度着たら忘れられない心地良さは、まさに清水オトコのフェロモン並みの魅力で、約130年世界中のセレブに愛されています。約8,000円のお値段もお得に感じるうっとり感。

綿100%、胸元のモダンクラシックなレースで、
シンプルさとクラス感を併せ持つ。
〝HANRO〟のキャミソール／著者私物

毎年進化している機能性下着は、
ネックラインが見えにくい深さに改良

UNIQLO

ユニクロ

着ると涼しく感じ、暑さ対策、汗対策になる機能性下着は、夏の生活の質を上げてくれると言っても過言ではありません。洗濯を繰り返してもなめらかな風合いがキープされます。

キャミソール　(左から)アレキサンダーワンエアリズム　グレー(参考商品／スタイリスト私物)・エアリズムキャミソール　ブラック¥990
／ユニクロ(ユニクロ📞0120-170-296)

服にも
賞味期限がある!?
「冷蔵庫理論」で
ワードローブ刷新！

クローゼット＝冷蔵庫
[整理編]

Ikuko Jibiki :buy happiness

4章

クローゼットを「冷蔵庫」と考えよう！

洋服ってあちこちにしまい込むことができるし、別に腐るわけでもないから、なかなか捨て時がわからないものですよね。クローゼットからはみ出た洋服の次の行先は、とりあえずの置き場であるちょい掛けラックや、押し入れの隙間。追いやられた洋服は、やがて存在そのものを忘れられ、陽の目をみることもなくなってやがて行方不明に。そしてまた同じようなものを買ってしまい、そしてまた……と負のスパイラルが起こった経験、はい、何を隠そう私もあります！
そんな状態では、エブリディ素敵なコーディネイトなんて至難の業。

〝ひとつ買って3つ捨てる〟そんな幸せな買い物をするためには、まずは、クローゼットの環境を見直すことから始めましょう。

私は「クローゼット＝冷蔵庫」だと思うようにしています。

冷蔵庫も、油断すると野菜室のレタスがしなびたり、使わなかった調味料は、びっくりするほど賞味期限が切れていたりしがち。それを避けるためには日々お買い物に行く前、まずは冷蔵庫の中の食材を点検、不要物は捨てて整理し、それから何が足りないか考えますよね。


これを洋服にも当てはめてみましょう。

まずは在庫をきちんと整理して、そして足りないものを買い足す。この冷蔵庫理論をきっちり遂行できれば、あなたのクローゼットはいつもフレッシュ！　でも、そうはいっても、在庫処分って難しい。

そんな方のために次は、クローゼット＝冷蔵庫の整理法を考えましょう。

服にも実は〝賞味期限〟と〝消費期限〟がある。

ある日、ちょっと足を延ばして、隣町の高級スーパーに行ったら、極上の〝獲れたて本まぐろのお刺身〟を発見！「まあ、なんて美味しそう！」と早速購入し、いそいそ帰宅。きっと今日の夕食に、このお刺身を食べたら、その新鮮な美味しさにうっとりとろけるはず。

でも、帰宅して冷蔵庫を開けると、そろそろ賞味期限が切れそうな生ハムが！「ああ、これもあの高級スーパーで買ったのよね。とりあえずこっちを先に食べた方がいいかしら……」と思案していたら、運よく（運悪く？）北海道の友人からメロンが届き、その日の夕食は、結局生ハム＆メロンにワインで乾杯……となってしまう。「ああ、冷蔵庫の中のまぐろのお刺身。よし、明日は絶対食べよう」と思っていても、明日は明日で、仕事の打ち合わせ兼会食の指令がきたら、やっぱり仕事に行ってしまう。

そして、極上の〝獲れたて本まぐろのお刺身〟は冷蔵庫の中でどんどん劣化していき、生で食べるのは回避するしかなく、もはやヅケかネギマで食べるしかなくなってしまった……。

数日たって劣化した高価な極上まぐろよりも、特売セールの解凍マグロの刺身を即食べる方が美味しいのは当然。そして、冷蔵庫にどんなにいっぱい食べ物が入っていても、今日食べられるのはせいぜい2、3品。

大きな冷蔵庫にあれこれ食べ物を詰め込んでも、鮮度が命！　重要なものほどダメになってしまうのです。

はい、これを洋服に置き換えてみましょう。

トレンド感満載の高価なブランドものの服、素敵な用事の時に着ようとクローゼットにしまいっぱなしで月日だけが過ぎていく。すると、どんどんトレンド感は薄まり、ある日鏡の前で着てみたら、すっかり時代遅れな代物になり下がっていた。だったら、安くても、即デイリーにがんがん着られる服の方がずっと買う価値があるはず。

これはつまりファストファッションの原理だったのですが、今やすべての服（トレンド）に言えることなのではないでしょうか。

つまり、私がここで言いたいのは、**冷蔵庫の中の食品に賞味期限または消費期限があるように、服にも賞味期限と消費期限がある**ということ。

それぞれのアイテムで微妙に賞味期限・消費期限は違うから、その物に応じた賞味期限・消費期限を心得て仕分けることが大切。

クローゼット＝冷蔵庫理論とは、そういうことなのです。

ファッションアイテムの賞味期限に目を背けてはダメ！

まずはここで、食べ物の賞味期限と消費期限の違いをしっかり確認しておきましょう。

賞味期限とは、〝おいしく食べることができる期限〟のことで、メーカーがおすすめするその食品の味わいが楽しめる期間のこと。賞味期限が切れてもすぐに食べられなくなるわけではないけれど、美味しく食べられるかどうかは保証できませんよ、という意味ですね。

そして消費期限とは、〝この年月日までに食べないと安全性に問題が生じる可能性がある期限〟のことです。

食べ物だと、賞味期限を過ぎれば味がわかりやすく落ちるし、消費期限を過ぎればお腹を壊してしまうことさえあります。

でも服は、賞味期限がきれても、破れたり擦り減ったりして消費期限がきれるまでは着ようと思えば着られてしまう。

これが落とし穴なのです！


たとえば、はくだけでヒップがキュッと上がって脚長に見えるお気に入りのデニムがあったとします。デニムにしては高価なだけあって、もうかれこれ5年はワードローブの主力選手。でも、なんだか近頃ウエストが緩くなってきたし、お尻と太ももの境目あたりが妙に緩くなってきた気がする。そこで、あれ、私が痩せたのか？　って喜んでいたらアウト！

ズバリ言いましょう、それは、あなたが痩せたんじゃなくて、デニムが劣化したのです。

デニムにほどよいストレッチ感をもたらしてくれるポリウレタンという素材は軽量で伸縮性、耐摩耗性、衝撃緩衝性に優れている反面、熱や、湿度、紫外線、微生物などによって分解され、劣化しやすい性質があるんです。

でも、デニムは一見劣化がわかりにくいアイテムだから、ついついはいてしまいがち。気がつかないうちに少しずつ変になって、気づくころにはなんだかすごくイケてないデニムに……。

つまり破れたり擦り減ったりしていないからまだ消費期限は来ていないけれど、もう美味しく食べられる（かっこよくはける）賞味期限はとうに過ぎているということなのです。

私調べでは、よくはく**デニムの賞味期限はおそらく3、4年くらい**。

（この後お話しする賞味期限は、すべて〝よく着用するもの〟という前提で、私調べであることをご了承くださいね）

他には、**靴下なら、かかとあたりがぼよぼよしてきて、スニーカーの中で脱げてしまうようにな**

つたら賞味期限切れ。これはだいたい約1年。

靴下は、つま先やかかとに穴があくような消費期限までは、はこうと思えばはけますが、やはり快適な装着感は望めず、ずれたり脱げたりする不快感の方が大きいはずです。

ブラジャーも賞味期限がわかりにくいものの代表。着けようと思えばいつまでも着けられますが、きれいなバストメイキングはどんどん望めなくなります。なんだか左のストラップだけがいつもずれちゃうのよね、とか、昼過ぎになるとアンダー部分が上がってきてホールドされてない感じなのよね、となったら、もうそのブラジャーは賞味期限切れ。中のワイヤーも歪んでますよ。

即処分して新しいブラジャーを購入してください。ショーツならわかりやすいのにね（笑）。

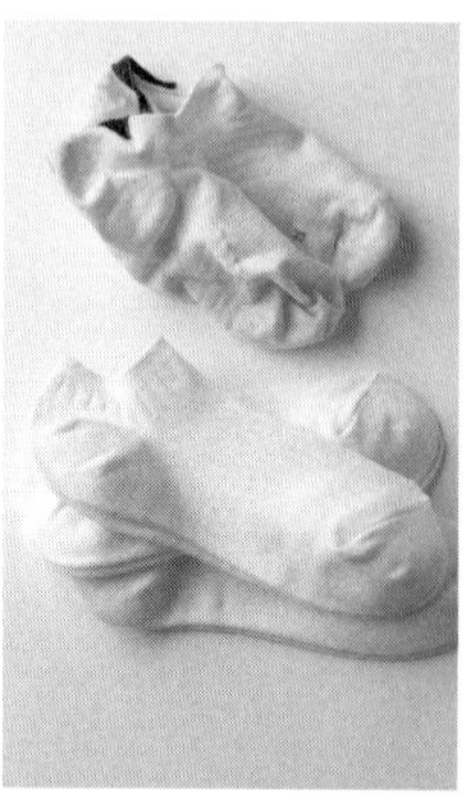

ブラジャーの賞味期限も1年。ブラジャーや靴下は何枚かをローテーションで使うもので、うっすら劣化してきてもなんだか使い続けがちなアイテムだからこそ、定期的なチェックが必要です。

そして、バスタオル。お気に入りの柔軟剤を入れて洗濯しても、フワフワ感が復活せず、なんだかごわごわしてきて吸水力も落ちてきた。そして畳んだ時の高さが初めの頃より低くなってきたら、もう賞味期限切れ。

何枚でローテーションさせているか、何人で使っているかで違いますが、毎日ひとりで使い洗濯したら、**バスタオルの賞味期限は、1年でしょう。**全然使える、と思って使っていた3年ものの古いバスタオルと、新しいものを使って比べてみると、その差は歴然！　賞味期限切れのバスタオル

は吸水性に欠けます。雑巾として活用し、消費期限をまっとうさせてあげましょう。

着るだけで暖かい、着るだけで涼しい、そんな**機能性下着（ヒートテックなど）**はもはや私たちの生活に欠かせないものですが、こちらも、**1、2年が賞味期限**。その分野の進化はめざましいので、さっさと新しいものにチェンジして進化具合を体感する方がずっと得策。

その時に古いものをちゃんと捨てておかないと、パッと見どれが新しいのかわからなくて、また古いものをうっかり着ちゃったりしがちなので要注意です。

タイツなども同様で1年が賞味期限です。まだ穴があいていないからって古いタイツをはき続けていると、最初はあったはずの着圧感もなくなったり、毛玉ができたり。それをはいても脚は絶対きれいには見えません。

どのアイテムもまだ使えるからと、破れたり薄くなったりする消費期限まで使ってしまうと、おしゃれっぽさや快適性からは程遠くなります。**「賞味期限が切れたらもう着用しないほうが得策」**と、肝に銘じましょう！

今一番イケてる自分に合ったものをひとつ買うことで、賞味期限が過ぎたもの、蜜な関係が終わったもの、サイズが合わなくなったもの、これらを捨てることができます。私の場合は、黒パンツ、Tシャツ、ブラ、下着など。なんでも当てはまります。

服にも賞味期限が書いてあったらいいのにね(笑)。

トレンドものの賞味期限は短い。

今年はこの色が旬！　とか、この柄が流行り！　とか、毎年毎シーズン、必ずトレンドがやってきては過ぎ去っていきます。もちろんトレンドアイテムをおしゃれに取り入れることは、ファッションを楽しむ上で欠かせないこと。

ここでトレンドものの賞味期限について考えてみましょう。

新鮮さが大切な**トレンドものは、生ものと同じ**。そう、先程お話した鮮度が命のお刺身のようなものです。新鮮さが勝負のお刺身は、大事に冷蔵庫に保存しておいても劣化してまずくなるだけ。トレンド感が強ければ強いほど、生もの度がアップし、イコール賞味期限はどんどん短くなります。

トレンドものの賞味期限は1シーズン、ガチで3か月です！

「長く着られるトレンドはなんですか」という質問をときどきいただきますが、はっきり言ってそんなものは存在しません。

トレンドものは、たとえるならスキー場で出会ったイケメン。たとえ、その後都会で再会して幻滅したとしても、スキー場での3日間、思う存分楽しんで素敵な思い出ができたなら、それはそれでよし！　思い出さえない人よりずっといい。それがスキー場の恋ですよね。

それと同じで、トレンドものは3か月間楽しませてくれればもうＯＫ。季節も変わればトレンドも変わります。

そう考えるようにしましょう。

セール商品は、レジ横の特売品と同じ。速攻消費を！

セールと聞くとついつい色めき立って、戦闘モードになってしまいますよね。その場の熱気に押されて、自分テイストでないものやサイズが合っていないものなどを、洗濯表示も見ないであれこれ買ってしまいがち。調子に乗って色違いまで買う始末。

その結果、半額だからってお得かと思いきや、「3枚買って2枚失敗するから、あれ、私損してる？」

そんな経験、私も何度もあります。

セール品は、スーパーのレジ横においてある特売品と同じ。賞味期限が迫っているスナック菓子や、熟しつつある果物が3個1パックになって並べられていると、別にそれが欲しくて買い物にきたわけではないのに、「あら、安いじゃない。とりあえず買っておきましょ」そんな気持ちで買い物かごに入れてしまいがち。でも、3つめを食べようとする頃には賞味期限は過ぎてしまっていますよね(笑)。

最近は以前より多少早くなってきましたが、セールはそのシーズンの終盤に大幅プライスダウンで行われます。つまり、セール品とは、残り少ないシーズン中に、使って使って使い倒すくらいのアイテムを購入する場だと考えるべきなのです。

セールで買ったものは、今すぐ着替えて出かけたくなるものかどうかを考えて買い、さらに**週4回着て今シーズンの終わりにはポイしてもいいや、くらいの気持ちで楽しむ**ようにしましょう。

ベーシックアイテムは乾物!?
3、4年前のものがやばい！

シンプルなシャツやニット、名脇役の黒のテーパードパンツや、あると便利なリトルブラックドレス……ワードローブのレギュラー選手であるこれらのベーシックアイテムは、比較的流行に左右されないアイテム。

ベーシックアイテムを、冷蔵庫理論でたとえると、水で戻すわかめとか高野豆腐とか、あると便利な干しシイタケなどの〝乾物〟的な存在です。

でも、ここで要注意！

乾物は比較的賞味期限が長いから、ついつい安心してしまいがちですが、決して永遠ではありません。古い乾麺を茹でたらまずかった、去年のノリが湿気っていた、そんな経験が誰しもあるように、着慣れたベーシックアイテムがなんだか近頃妙に古臭い感じ……そんな経験もありますよね。

そう、これこそ「**乾物賞味期限過信危険問題**」。

たとえば、シンプルなVネックニットだったとしても、Vゾーンの開き具合は毎年微妙にアップデートされているし、プレーンな黒のテーパードパンツもテーパード具合が3年前とは確実に変わっているのです。どんなブランドもベーシックアイテムだからといって毎年同じではなく、その時の気分を取り入れて毎年バージョンアップしているもの。

だから、賞味期限が長いからって油断しがちな**ベーシックアイテムも、3、4年ごとに総点検**を心がけましょう。

少しでも古臭いなと思ったら、勇気を出して新しいものに買い替えを！

ヴィンテージが美味しいのはワインだけ！

先日20代のおしゃれな若者たちとじっくり話す機会がありました。

「母が、『そんな安物の服ばかり買っていないで、そろそろ一生着られるようないいものを買いなさい』と言うけれど、『じゃあお母さんが30年前に買った服、今着てるの？』と聞いたら、母が答えに詰まってました」と、ひとりの若い女性が話してくれました。

おそらく彼女たちのお母様は私と同じくらいの世代なんでしょう。この話、耳が痛いですよね！

昔、私たちは、「これは一生着られます。持てます」という言葉に背中を押され、数々の一生ものを買いましたよね。でも、それ、本当に今着たり持ったりしていますか？　第3章でお話ししましたが、大半はもうどこかに売ってしまったか、あったとしても家庭内美術館入りではないでしょうか。

確かにヴィンテージアイテムを着るというカテゴリーもあります。でも、これは10代のウルトラ若い子が、10代のパワーで着るから素敵なのであって、**自分がヴィンテージになりつつある今のアラフィフ・アラカンが着ると、ただのヴィンテージおばさんになってしまう**だけ。ロスアンゼルスにあるセレクトショップの素敵なベテラン店員のように、頭からつま先まで完璧なフィフティーズスタイルでキメていれば別格ですが（笑）。どんなにいい服でもヴィンテージになってしまったら、大人にはほぼ似合いません。

ヴィンテージが美味しいのはワインだけ、これを忘れずに！

まだ着られそう。服の鮮度がわからない……なら、ご近所一周してみて！

まずは在庫確認し不要なものは処分、とお話ししましたが、とはいえ、食べ物ではない服や靴、バッグはなかなか鮮度が客観的にわからないもの。そのイケてるのか、イケてないかの当落線上にあるアイテムは、面倒でも、まずはきちんとコーディネイトして着用してみましょう。

ここで、以前なら、家にある全身が映る鏡の前でチェック！　と、お話ししていましたが、今は違います。

鏡の前で着ただけではダメ。

ちゃんと靴まで合わせて外に出てみないと本当の鮮度は確認できません。

家から外に出て、駅までもいいし、近くのコンビニまででもいいからご近所をひと周りしてみるのです。そうすると、陽の光にさらされて家の鏡の前ではわからなかった色あせとか、毛玉、もしかしたら小さな虫食いが見つかるかもしれません。

何年も前の靴は履き心地も変わってくるし、外を歩いていると今の気分とのずれもはっきりわかるはず。

一周するうちに「これダメだな」と少しでも思ったら帰宅後即ゴミ箱へ！

野菜室にあったきゅうりも大根も一見大丈夫に見えても、切ってみたらスが入っていたり中が傷んでいたりすることがありますよね。それって切ってみたからわかったこと。それと同じなんです！

美容アイテムも賞味&消費期限が！

賞味期限が過ぎても使えるので特にわかりづらいのが、コスメ。「このアイシャドウ、もしかしたら5年以上使ってるかも」とか、「この口紅匂いが変」って思うこと、ありませんか。

そこまできてしまったらもはや消費期限さえ切れているかもしれません。

一般的に**口紅は、未開封で保管された場合で3年が消費期限と言われています。そして、実際唇に付けて使用したものは1年が賞味期限。**

なかなか減らなくてついつい長期間使いがちなアイシャドウやパウダーなどの粉ものも、同じく**一度開封して使ったらせいぜい数年!?　という衝撃の事実。**

そしてマスカラやアイライナー、アイブロウなどの**〝棒もの〟は、さらに短くなって、賞味期限は約3か月**と覚えておきましょう。マスカラはダマになってきたらもうおしまい。ゴシゴシしごいて使っている人がいますが、絶対に止めてくださいね。

Hot list ／2

［お買い物編］

今もっとも満足できる
アラフィフ・アラカン
お買い物ガイド

Ikuko Jibiki :buy happiness

〝ひとつ買ったら3つ捨てられる〟それくらいのすぐれものを買おう!

洋服や靴などの小物にも賞味期限と消費期限があることを理解し、冷蔵庫＝クローゼットを整理したところで、いよいよ買い物です! クローゼットのさらなる整理をするためにも、「ひとつ買ったら3つ捨てられる」くらいのすぐれものを探さなければなりません。

そこで、冷蔵庫理論を推し進めるために買うべきおすすめアイテムを、ピックアップしてみました。私が今欲しいものでもありますので、これらはいわば〝いく子買い〟アイテムですね(笑)。

今回のこの〝いく子買い〟は、今私が気になるドメスティックブランドを中心に、少々お値段ははりますが個性的なアイテムばかりです。このラインナップを見たら、「ちょっと私には無理かも」と思われる人が中にはいらっしゃるかもしれませんが、ちょっとノイズが入っているくらいのものを取り入れるのが、今の気分にアップデートするポイントなのです。

以前、私の著書にも書きましたが、着こなす時のコツは、「トレンドとベーシックもの、50対50の法則」で。ちょっとノイズのある個性的なアイテムは、トップス&ボトムスのどちらか半分で。たとえば、スカートがアシンメトリーな個性派デザインだったら、トップスはクルーネックのプレーンなニットやカットソーにするとか、あるいは、クセのあるトップスならボトムはベーシックな黒のテーパードパンツにするなど。そうすれば一見難しそうなアイテムも取り入れやすくなります。ちょっとくらいの違和感、ノイズ感を取り入れることで、今どきの空気をまとえるのです。

昭和までは、「一生もの、質のよいもの」の時代。平成は、「質より量」の時代でした。では令和は？　フェイスブックのヒルズライフデイリーの記事に、「これからは質より新しさ」というものがありました。極端かもしれませんが、私、令和はこの感覚は必要だと思うのです。

嫌でも時代は新しくなっていきます。変化を恐れてはいけません。時代に合わせてアップデート、これが〝冷蔵庫理論＝いく子買い理論〟なのです！

“ENFÖLD”
エンフォルド

大人の体型を、着るだけで
カバーしてくれる
女心をくすぐるブランド

ここ数年、気がつくと毎シーズン、ワンピースを必ず購入しているのがこの〝エンフォルド〟です。ここのワンピースは本当に体型をきれいに見せてくれ、トークショーで着用すると、お客さまから「そのワンピースはどこのものですか」と、ブランド名を聞かれるほど。おしゃれっぽさをキープしつつも、体型をカバーしてくれるシルエットが最大の魅力で、クリエイティブディレクター植田みずきさんの女性ならではの気づきが、アイテムのそこここにちりばめられていて、実に女心をよくわかってくれています。

新宿伊勢丹や、エストネーション 六本木ヒルズ店に、エンフォルドを求めて大人のファンが押しかけているのも納得です。

ワンピース

ライトなサマーウールでロングカーディガンや軽い麻のコートと組み合わせれば、秋口まで活躍する1着。アシンメトリーな裾のデザインも動く度に軽快で素敵。今年の夏はスニーカーや〝Teva〟のスポーツサンダルでガンガンヘビロテしたい。ワンピース¥49,000／エンフォルド（エンフォルド☎03-6370-9191）

"ENFÖLD"
エンフォルド

ワイドパンツ

大人心をくすぐるリラックスシルエットのパンツもファンが多い、エンフォルドの人気アイテム。ウエストゴムで着心地は楽チン。普段はもちろん、移動が多い旅などにも大活躍してくれます。ワイドパンツ¥21,000／エンフォルド(エンフォルド☎03-6370-9191)

なんだかんだ言って頼りになる、大人の必須アイテムといえば黒パンツ。エンフォルドはパンツのつくりも超優秀で、お店でおばさまたちが最も試着しているのが黒パンツなんです。ワイドパンツやストレートパンツなど種類も、サイズも豊富。はいてみるとわかるのですが、ただシンプルなだけでなく、タックが入っていたり絶妙なワイドシルエットだったり。一見ベーシックに見えながらも、体型カバーに役立つ技が施されている点も嬉しいポイント。素材もよく毎年投資する価値あり！　です。

テーパード パンツ

ボトムもかなりのすぐれものぞろいのエンフォルド。はき心地のいい触感で、シンプルかつベーシックなテーパードシルエットが着まわしやすいパンツ。この素材感で嬉しいナイスプライス！
テーパードパンツ¥20,000／エンフォルド（エンフォルド☎03-6370-9191）

“INSCRIRE”
アンスクリア

ドラマティックなアイテムで大人にときめきをプレゼントしてくれる

ブランドデビュー当時はビッグシルエットのものが多く、少し若い世代向けかなと思っていた〝アンスクリア〟。その当時の私にはサイズ感が新鮮すぎて、実はピンとこなかったのですが、昨年の夏に購入したワンピースとワイドシルエットのパンツで印象ががらりと変わりました。着ると本当に今っぽくなれる。それぞれを週3回（つまりこの2アイテムでほぼ毎日！）着るほどヘビロテアイテムに。

アンスクリアの最大の特長は、ウールギャバやツイードなどのメンズライクな素材をたくみに使っているところ。実際に着用してみると、メンズライクなものだからこそ、逆にフェミニンさも強調してくれるという、不思議な魅力を持つブランドです。

ミリタリーシャツ

コットンツイル100%のミリタリーシャツは、膝上くらいまでのロング丈。タイトなパンツと合わせたりちょっと女らしいロングスカートを下にはいても素敵。落ち着いた黄みをおさえたベージュが美しくカジュアルになりすぎません。ツイルミリタリーシャツ¥46,000／アンスクリア（アマン☎03-6805-0527）

“INSCRIRE”
アンスクリア

個性的なアイテムも多く、一見難しそうに見られがちですが、今季は特に大人が「買い！」と思えるような優秀アイテムがたくさん。下のスカートをはじめフェミニンなアイテムも素敵です。

あまりに無難なデザインのものは、一見きれいに見えても今っぽくはなりません。その点、アンスクリアのアイテムはほどよいビッグシルエットや遊び心あるデザインなど〝絶妙な今っぽさ〟を醸し出してくれるものぞろい。1着取り入れればおしゃれに見えることと間違いなしです。

ヘリンボーンスカート

ウール×ナイロン混紡のマニッシュなヘリンボーン素材で、広がりすぎない大人にちょうどいいフレアシルエット。裾のブラックのフリンジがアクセントになり、歩く度に優雅な余韻が漂います。ヘリンボーンフレアスカート￥68,000／アンスクリア（アマン☎03-6805-0527）

タキシード
ジャケット

私が一番気になるアイテム、それがジャケット！上質なウール100%で、ラペルがサテンになったベスト付きのマニッシュな2ピース。着てみるとほのかな女性らしさも香り立つデザインが秀逸。2ピースタキシードジャケット¥149,000／アンスクリア（アマン☎03-6805-0527）

“HYKE”
ハイク

ジャケット

ロング丈で、すっきり見えがかなうブラックジャケット。写真のようにベルトをボタンで留め、ラフに垂らすとこなれて見え、右サイドのベルトループに通して片方だけウエストマークしてもかっこいい。端正なジャケットで遊べる楽しさ！

ジャケット¥69,000／ハイク(ボウルズ☎03-3719-1239)

ずっと夢中でいさせてくれる
ほどよいトレンド感が心地いい
マイフェイバリットブランド

〝ハイク〟のデザイナーは吉原秀明さんと大出由紀子さん。もともとｇｒｅｅｎ（グリーン）というブランドを手掛けられていて、私も大好きで夢中になっていたブランドでした。しばらく産休した後、ハイクが立ち上げられた時はとても嬉しかったのを覚えています。私だけでなく、ハイクは、業界のファッションピープルにも絶大な人気を誇っています。

コレクションランウェイだと迫力のあるルックが多く、それはそれで素晴らしいのですが、実際お店に並ぶリアルクローズにも素敵なものがいっぱい。私たち大人も受け入れやすいほどよいトレンド感がとてもいい感じ！

ワードローブに１枚取り入れただけで気分がぐんとアップすること、間違いなしです。

“HYKE”
ハイク

リブニット

ハイクはニットも素敵なものが毎年見つかります。ウール100%のざっくりしたリブ編みで、肩とひじに別布でパッチがついた、少年っぽくてどこか懐かしい感じもするニット。ミリタリーすぎない印象も気軽に着こなせるポイント。ニット¥39,000／ハイク（ボウルズ☎03-3719-1239）

ハイクは身長が平均的な人でもサマになるものが多いのも特長。158㎝の私でもすんなり着こなせます。また、コンサバな人でも入りやすい、シンプルなアイテムが多いのもポイント。とはいえ、ただシンプルなだけでなくどこかにワザがあるのがまたカッコイイ。そして身に着けると不思議とクリーンな印象に仕上がるのも魅力だと思います。

さらに、靴やメガネなど、小物が充実しているところも強み。今季はメガネかけフックがついたペンダントが素敵で、私も狙ってます！

ベルト付きスカート

オートミールカラーのウール素材スカート。片方だけにプリーツ付きでとても表情がある1着です。シルエットはシンプルなひざ下丈ながら、プリーツ部分が脚の気になるカーブをさりげなくカバーしてくれるのも嬉しいポイント。アクセントになる太い共布ベルト付き。スカート￥42,000／ハイク（ボウルズ ☎03-3719-1239）

“YOKO CHAN”
ヨーコ チャン

ほどよいコンサバ感と
ほどよいサプライズが
ハッピーな上質ブランド

品良く見える大人のブランドといえば、〝ヨーコ チャン〟！　お仕立てや素材のよさが素晴らしいんです。

コンサバ感を保ちつつ、若々しく見えるフレッシュさもちゃんとあって、ここぞ！　という時に力を発揮してくれるのでぜひ着てみてほしいブランドです。

たとえば、気合を入れて臨みたいけどがんばりすぎはちょっとね、という感じの同窓会や、ちょっとしたパーティーなんかにおすすめのアイテムがたくさん見つかります。六本木にある隠れ家サロンのようなお店も素敵で、一気にセレブ気分になれますよ（笑）。

ワンピース

シンプルなブラックワンピースのサイドには白のフリルがあしらわれ、上品な華やかさを演出してくれます。立席パーティーなどで映える1枚。ワンピース￥55,000 2019年※8月中旬頃発売予定／ヨーコ チャン（ヨーコ チャン☎03-6434-0454）

パール付きブラウス

首元にネックレスのようにパールがあしらわれたブラウス。たとえば上半身で勝負するような着席のお食事などにぜひ着たい！　ふわっとしたスカートでも、ワイドパンツでも似合います。ブラウス￥42,000　※2019年8月中旬頃発売予定／ヨーコ チャン（ヨーコ チャン☎03-6434-0454）

"Col Pierrot"
コルピエロ

何を着ても、どこから見ても美しく見える服ぞろいで気分がアップ！

オートクチュールメゾンのパタンナーとして活躍した後、ブランドのデザインや、アーティストや女優らの衣装を手がける奥田文子さんがスタートさせた、〝コルピエロ〟。どこから見ても美しく映える、着るだけで気持ちを上げてくれるようなアイテムが見つかります。

大人に嬉しいのは、着る人の長所を最大限に引き出してくれるようなシルエット、丈感、素材選びにこだわっているところ。現代に生きる大人の女性が自信を持って着られる服が見つかる素敵なブランドです。

異素材スカート

奥田さんと私がコラボした、ありそうでなかったカーキのロングスカート。サイドの切り替えで歩きやすく、エレガントなスカートに仕上がっています。スニーカーでカジュアルに、ポインテッドトゥのフラットシューズでエレガントにと、いろいろな着こなしが楽しめます。異素材コンビフレアスカート￥34,000／地曳いく子×コルピエロ（エクラプレミアム通販☎0570-008-010）

大人に似合うジュエリーとは？

若い頃、〝一生もの〟と思ってボーナスで買ったジュエリーも、いつしかジュエリーボックスに眠ったままに……一生使えるはずだと思って買ったのに、なぜ似合わなくなったのでしょうか？

それは、ジュエリーの輝きは永遠でも、私たちの若さの方が永遠ではなかったから。もはや着けなくなったジュエリーは、後生大事にとっておいても無駄なだけ。さっさと売って、素敵なランチでも食べに行きましょう。

私たちが今買うべきジュエリーは、〝長くつけられる〟ではなく、〝毎日気軽につけられるもの〟であり、〝いまどきの空気感を運んできてくれるもの〟。そして、〝つけることで気分を上げてくれるもの〟。私たちにとって10年後20年後はどうなっているかわかりません。つまり、一生ものなんて考える必要はなく、今つけたいものを選ぶべき。

そこで私が今気になるのが、〝レポシ〟。まだ30代の若き女性クリエイティブ兼アーティスティックディレクターがつくり出すアイテムはどれも大胆でかっこよく、まさに今の気分！　グレイヘアから見える耳にイヤーカフ！　最高に素敵ですよ。

"REPOSSI" レポシ

今、私が毎日つけたいジュエリーブランド

レポシは、イタリア・トリノで創業されたブランド。パリ、ミラノ、そしてモナコを拠点に世界的に展開。2007年からクリエイティブ兼アーティスティックディレクターを務めるガイア・レポシがつくり出すモダンでミニマルなジュエリーに熱い注目が。ファッショニスタからの支持率の高い「ベルベル」コレクションのイヤーカフと、モダンでクールなリングは、ジュエリーにしては、お財布への打撃が大きすぎないお値段。〈上〉ラ リーニュ C リング(PG) ￥135,000・〈下〉ベルベルイヤーカフ(PG) ￥280,000／ともにレポシ(エストネーション☎0120-503-971)

“RAWTUS”
ロゥタス

素材・デザインともに豊富！
素敵なライダースが見つかる
レザー好きを虜にするブランド

ライダース好きの私のワードローブに、なくてはならないブランドが〝ロゥタス〟。2008年に嶋崎隆一郎さんと佐藤ヒサコさんのふたりにより設立されました。ニューゴートレザーという独自の技術で開発された薄くて柔らかなレザーアイテムで人気を集めています。ひと口にライダースといっても、素材や形でかなり印象が変わるもの。ボトムや身長とのバランスでいろいろ選べるのも、ロゥタスの大きな魅力。ライダースは、多少お値段は張りますが、ヘビロテ回数を考えれば、私にとってはかなりのコスパ服です。

ライダース
ジャケット

柔らかで上質なゴートレザーの比較的ソフトなライダースと、グレイジングされたラムレザーのハードな光沢感が素敵なライダース。〈上〉ラムライダースジャケット¥180,000・〈下〉ゴートライダースジャケット¥98,000／ともにロゥタス（スブラス インターナショナル☎03-5561-8300）

“COGTHEBIGSMOKE”

コグ ザビッグスモーク

スウェットシャツ

ブランドの看板でもあるスウェットは着るだけでこなれたカジュアルが完成する。〈左〉白パフスウェットシャツ￥23,000・〈右〉黒スウェットシャツ￥19,000／ともにコグ ザビッグスモーク（Passage Limited☎03-6875-9980）

ジャージー素材に特化した今季デビューの注目等身大ブランド

スタイリスト仲間の渡邉由貴さんのインスタで見てひと目惚れしたブランドです。この秋デビューする〝コグ ザビッグスモーク〟はロンドン在住の日本人女性デザイナーの今枝紀子さんがつくるジャージー素材にフォーカスしたブランド。ブランド名はデザイナーがいつも旅を共にするクマのぬいぐるみ「COG」とロンドンを意味する「THE BIG SMOKE」をつなげたもので、シーズンレス、エフォートレス、トレンドレス、シーンレス、エイジレス、サイズレスなリアルクローズが揃っています！

"COGTHEBIGSMOKE"
コグ ザビッグスモーク

コグ ザビッグスモークは、ジャージー、スウェットといってもかなりの高品質で大人仕様なものにこだわっています。シルエットも150cm台から170cm台の身長の人まで、誰もがかっこよく似合ってしまうのが、すごい！

1枚着るだけでサマになるようなトレンド感を持ちつつ、自然と体型カバーもしてくれるのが嬉しい。ジャージー素材は旅でも重宝するので、秋からの海外旅行や、ライブに行く時に着て行こうと思っています。

ノーカラーコート

軽量ではおりやすいノーカラーコート。最近はボリューミーなニットが多いですが、はおりものに困りますよね。そんな時に、このコートはドルマンスリーブだから、おすすめです。丈感も絶妙で、パンツはもちろんロングスカートにもタイトスカートにも合わせやすい。ノーカラーコート¥63,000／コグ ザビッグスモーク（Passage Limited☎03-6875-9980）

“SLOANE”
スローン

クルーネックニット

うっとりするほど気持ちのいいシルクニットは3シーズン活躍してくれます。美しい光沢感は大人の味方！

クルーネックシルクニット（ブラウン・チャコールグレー）各¥29,000／スローン（スローン☎03-6421-2603）

ユニセックスで着られる
シンプルかつベーシックなニットを
こだわりのジャパンメイドで

カシミアタートル

ユニセックスでサイズも豊富。ゆえに、目指す着こなしに合わせて、ニットのシルエットの微差をサイズ違いでつけられるのも魅力。柔らかく上質な素材感のカシミアタートルは根強い人気。カシミアタートルニット（ライトベージュ）￥36,000／スローン（スローン☎03-6421-2603）

ベーシックなものがそろうニットブランド、〝スローン〟。デザイナーが着て心地よいものをつくりたいという気持ちから始まったブランドで、〝細かいニュアンスを作り手に直接伝えられるだけで完成度が違う〟という考えから、日本産にこだわっているのがすごい。シンプルな形、こだわりの素材で、コーディネイトの名わき役になるニットが見つかります。トレンド色が強いスカートやパンツもこのニットに合わせると、トレンド感をうまく中和してくれて、頑張りすぎない大人スタイルが完成します。

“COS”
コス

驚きの価格で「きれいな大人」に変身できる困った時に駆け込むショップ

ちょっとしたおよばれや、お食事など、普段より少しだけキレイめに決めたいとき、私は〝コス〟のお店に駆け込みます。

お値段以上の縫製と素材で、「立派できれいな大人」に見せてくれるんです。女友達とのお食事や同窓会って、よく考えたらいつもほとんどメンバーが決まっていますよね。「また同じ服？」と思われがちなのを回避したい時も、コスは強い味方です。

数回着たら元が取れるくらいの手頃な価格はかなりの魅力。サイズ展開が多いのも、嬉しいポイントです。

ワンピース

とてもこのお値段には見えない、主役になれるクリーム色のワンピース。アシンメトリーな裾のシルエットがいまどきです。露出は多くないのに女っぽく見えるのも大人に嬉しいですね。
ロングスリーブワンピース ￥16,204／コス（コス銀座店☎03-3538-3360）

“adidas Originals”

アディダス　オリジナルス

自分の代名詞になるような
スニーカーを見つけられれば
毎日が楽しく！

定番スニーカーブランドはいくつかありますが、中でも〝アディダス〟の「スタンスミス」はお気に入りで〝履きつぶしては買う〟の繰り返し。ここまでヘビロテしていれば1足14,000円も適正価格です（笑）。

2年に一度は買い換えてヘビロテしているアディダスの「スタンスミス」シリーズに新顔が登場。レースアップのスニーカーとはまた違うスマートな大人感？　に惹かれました。スリムなブラックパンツからロングスカートまで、これもヘビロテしそう。この値段なら白レザーでも惜しみなく履き倒せます。

スニーカー

こんな「スタンスミス」もあるんです。インソールも進化し、履き心地も抜群に。スタンスミス BACK ¥14,000／アディダス オリジナルス（アディダス グループお客様窓口☎0570-033-033）

さあ、幸せな買い物へ！アラフィフ・アラカンの買い物心構え

5章

Ikuko Jibiki :buy happiness

まずはデパートに行こう！

私は少し前に気分が落ち込んで、家に閉じこもり気味になったことがあります。閉じこもるとどんどん外出したくなくなって物欲もなくなり買い物なんてどうでもよくなり、おしゃれしたいという気分もなくなる一方。でも、どうしても出かけなければならない用事があり、デパートに行くためにとぼとぼと街に出た私。

そんな私に、地下鉄の駅でひと筋の光明が差したのです！

目の前には、年齢はおそらく70歳くらいのひとりのおばあさまが。なんと、とってもかっこいいモッズコートをはおり、フラット靴で元気に闊歩しているのです。私はそのかっこよさに目を奪われ、「素敵！　あんなおばあちゃんになりたい！」と、強く思いました。

そしてその後向かったデパートでは、ネットや雑誌で見ているだけではわからない〝今の気分〟があちこちに。

書を捨てよ街に出よ、っていうけれど、まさにそういうこと。

1か所でいろんなものを見られて、おしゃれな人もたくさん目にすることができ、店員さんにアドバイスももらえるデパートは、とっても勉強になります。

さっきのおばあさまは、デパートで店員さんにすすめられてあのコートを買ったのかな、なんて考えながら回ったデパートは本当に楽しく、いつのまにか私の気分も見事に晴れていたのです。


今のおしゃれを理解するためにも、デパートに行くのは本当におすすめです。私がよく行くのは、都内なら伊勢丹新宿店。セレクトショップだけれど、六本木ヒルズのエストネーションや東京ミッドタウンのイセタンサローネも頼りになる店員さんがいて相談しやすいですよ。東京以外なら、大阪の阪急うめだ本店、福岡のバーニーズニューヨークもイケてます。

鮭が産まれた川に戻るように、私たちもデパートに戻りましょう。

大人が陥りやすい〝サイズ選び3大うっかりポイント〟

あなたはMサイズですか、Lサイズですか。9号ですか、11号ですか。最近なんだか似合う服が見つからない……そう思っている人はもしかしたら、思い込みからサイズ選びを間違っているかもしれません。

私は長年、自分の足のサイズを24㎝だと信じて生きてきました。でも、先日、あらためて足のサイズを測定してもらうと、なんと私の足はどちらかというと23・5㎝だったのです。

私の思い込みが間違っていたのか、はたまた足が小さくなったのかはわかりませんが、こんなふうに意外にも、あなたが思い込んでいるあなたのサイズは違っている可能性もあるのです。

これは足だけではありません。歳を重ねるとお肉のつく位置が変わってきます。そうすると、ブラジャーのアンダーバストも変わってくるし、体重に変動はなくても確実にウエストは増え、むくみやすくなるので足も太くなってくるのです。

ここで、**うっかりポイント①**

「あなたが思っているサイズと、あなたの本当のサイズは違う」

サイズの思い込みは、買い物時の大きなミスにつながりかねません。40歳を過ぎたら、全身のサイズを測りなおしましょう。

そしてさらにやっかいなのが、S、M、Lというサイズの基準。あなたはそれが統一されていると思っていませんか。これも大間違いで、サイズの基準はブランドの自由。若い人のブランドと、おばさまブランドではバストの切り替え位置も違うし、同じMサイズでもウエストの想定が7cmも違っていたりするんです。

これが、**うっかりポイント②**

「同じサイズ表記でも、ブランドごとに大きな差がある」

そしてあとひとつ。

ある大人のモデルさんが、こう話していたのを聞いたことがあります。

「今ビッグシルエットって流行っているけれど、私は'80年代に流行っていた時に似合わなかった。だから、今回も似合わないだろうと思いつつ、着てみたらちゃんと着られたんです。なぜ？ と考えたら、昔のビッグシルエットは大きな肩パッドが入っていたけど、今は入っていなかった。同じに見えても服は進化しているんですね」と彼女は言っていました。

同様に、私たちスタイリストは昔、肩幅が合っていることをサイズ選びの基準にしていたけれど、今はドロップショルダーが多く、そんな常識も通用しません。

つまり、同じに見えるスタイルでも昔と今で素敵だと思われるサイズ感が明らかに変化しているのです。

これが、**うっかりポイント③**

「世の中の美しいと言われるサイズ感が変わっている」

この3つがアラフィフ以降が陥りやすい〝サイズ選びの3大うっかりポイント〟。これを知っているかどうかで洋服選びは変わってきます。お買い物時は、しっかり脳裏に焼きつけて出かけましょう。

オンとオフ両方使えるものを狙いすぎない。

よく「オンにもオフにも着られる服はなんですか」という質問を受ける時があります。

でも、私に言わせればみなさん、求めすぎです。

オンにもオフにも着られる、ということは、便利だけれど、反面、やや中途半端な印象にも。両方使える服を狙いすぎると、中途半端な服ばかりになる危険も。

両方狙いは１００のうち20くらいにとどめるのが得策。残りの40をオン、30をオフ、最後の10は冠婚葬祭などのオケージョンもの。

そう考えればお買い物がラクになるはずです。

人生、ハレとケがあって当然。低電力モードの時はあえて買い物しない。

日本人の伝統的な概念に「ハレとケ」があります。

ハレ（＝晴れ）はお祭りや年中行事、冠婚葬祭を行うような、いわば非日常、ケ（＝褻）は普段通りの日常をいいますが、バブル世代の私たちは、20代30代は毎日がお祭りのいわばハレハレハレ人生で、ついハレばかりを想定しがち。

でもハレはケがあってこそ。

ハレではじけるためには、おとなしくしておくケも必要なんです。実は私、ここ数年天中殺でいろいろうまくいかないことが続きました。でも、「あ、いつもよりおとなしくするくらいの時があってもいいんだ。今は、次なるハレのためのケの時期なんだ」と学ぶことができたんです。

買い物も同じ。**パワーが少ない時になにも無理することはありません。**

スマホの充電が少なくなってきた時に、低電力モードに切り替えるように、買い物も、低電力モードでセーブすればいいんです。充電が減ってきた時（パワーがない時）に無理やり買い物に行くと失敗します。正しく物が見えていないので、黒だと思ったら紺だったとか、20、000円（二万円）だと思ったら200、000円（二十万円）だったとか、普通ではないような失敗もしがち。だって私、老眼だし（笑）。

そういう時は、おしゃれパワー（＝人生パワー）の充電に専念しましょう。具体的には、浪費は避け、気疲れしない親しい友人とランチかお茶をする。ディナーはダメです、散財しちゃうから。

そうやって少しずつ財力とおしゃれパワーを充電するのです。

服の似合う似合わないは相性。人間関係と同じです。

上々の気分の時に出かけたデパートで、試着も念入りにしてサイズもＯＫ、オンオフの目的もクリアする服を見つけたら、ついにお買い上げ。その後はどうするか？　とりあえず着る！　です。すぐに週３、４回は着てみる、履いてみる、持ってみる！

私はこれを**「買ったら着ないと慣れないの法則」**と呼んでいます。そうすることで、あなたとその服（ｏｒ靴ｏｒバッグ）はやっと波長が合ってくるのです。

服の似合う似合わないは、ズバリ相性。人間関係と同じです。相性が合えば、少なくともそのシーズンは一緒に楽しめます。つまり、オトコと一緒ですね。だから、たとえ相性が悪かった＝似合わなかったものがあったとしても、落ち込まないで。

そんな時は、相性が悪かったんだなって、さっさと切り替えて、次の服を探しに行きましょう！　それまでは今までの服（＝相手）でつなげばいいのです。

もちろん、今の服も相性が合う限りは、愛を込めて大事にしてくださいね！

相性のいい服や人間関係が、あなたのこれからの人生を豊かに幸せにしてくれるはずです。

LOVE。

おわりに

「一生ものを探す旅」にも疲れ果てました。あれは虹のふもとを探すのに似ていました。

一生ものなんて追いかければ逃げる虹みたいなものです。一生ものを狙って買うのではなく後から考えてみたら「一生ものだった」そんな感じで良いのではないでしょうか？

昔のものをすべて捨て去るのではありません。ただ、変わらないものは生き残りづらい。令和になりさらにそう強く感じるようになりました。

今一度、今の時代や自分を確認して人生もワードローブもアップデートする。そのために買い物をする。

これが令和のお買い物術です。

今回「いく子買い」として、今私が気になっているドメスティックブランドから少しお値段の張る個性的なアイテムをいくつか紹介しました。良質なベーシックものさえ押さえておけばなんとかなった昭和、平成時代は終わりました。

変化を恐れていてはいけません。むやみに流行りものに飛びつくのとも違います。今の時代に合わせてアップデートすると考えてみてはいかがでしょうか？

嫌でも時代は新しくなっています。

「今の時代のものをうまく取り入れてそれが旬のうちに使い倒す。これからは、今を生きるためにお買い物をする。」

今を快適に生きるために必要なものはなに？　もう不必要なものは何？

そう考えればお買い物が幸せに繋がるはずです。

最後まで読んでいただきありがとうございました。そんなあなたに贈る、捨てられない呪いを解く呪文を。

迷ったら捨てろ！　いつか、なんてもう来ません。

迷うということはもうそのものから卒業のサインです。

なぜなら、今のあなたがこれからの人生で一番若いあなたなのだから！

Ｋｅｅｐ ｏｎ ｒｏｌｌｉｎｇ！

STAFF

著者：地曳 いく子
撮影：木村 慎
エディター・ライター：大野智子
アートディレクター：大塚將生(marron's inc.)

校閲：玄冬書林
制作：遠山礼子
販売：小菅さやか
宣伝：野中千織

編集：世古京子

＊本誌に掲載された商品や店舗情報は、
2019年7月2日現在のものです。
また表示価格は本体価格(税抜き)です。
掲載商品の価格、仕様は変更される可能性があります。
また、個人の私物は、現在お取り扱いがないものがありますので、
メーカーへの問い合わせはご遠慮いただけますようお願い致します。

買う幸福

おしゃれ人生見直し! 捨てるためにひとつ買う

2019年7月30日　初版第1刷発行

著者　地曳いく子
発行者　小川美奈子
発行所　株式会社 小学館
　　　　東京都千代田区一ツ橋２－３－１
編集　03－3230－5192
販売　03－5281－3555
印刷　大日本印刷株式会社
製本　株式会社若林製本工場

 ISBN 978-4-09-310897-3